JN439455

달팽이관 마을에서

현 대 수 필 가 1 0 0 인 선 · 80

달팽이관 마을에서

유병근 수필선

좋은수필사

■ 책머리에

수필은 누구나 부담 없이 읽고, 마음만 먹으면 직접 쓸 수도 있는 가장 친근한 문학이다. 다른 영역의 문학이 영상매체에 밀려 신음하고 있는 중에도 수필 인구만은 날로 증가하여 바야흐로 수필 전성시대를 구가하고 있는 이유도 거기에 있을 것이다.

시대적 추세에 힘입어 수많은 수필전문지, 수필동인지가 창간되고, 이에 비례하여 신진 수필가도 날로 늘어나다 보니 이제는 그 많은 작가, 그 많은 작품 중에서 문학성 높은 작품을 가려 읽는 일이 쉽지 않게 되었다. 이런 현상은 작가에게나 독자에게나 결코 바람직한 일이 아니다. 더 나아가서는 수필을 연구하는 후세들에게도 큰 부담이 될 것이다.

이런 문제를 해결하는 데는 출판인도 마땅히 한몫을 감당해야 한다는 평소의 소신에 따라, 본사가 기꺼이 그 역할을 맡기로 했다. 그 첫 번째 사업으로 시대를 대표할 만한 수필가 100인을 선정하고, 작가가 자선한 40편 내외의 작품을 수록한 문고본을 발간하여 이를 널리 보급함으로써 그 소임을 다하고자 한다.

본사는 사명감을 가지고 이 사업을 추진해 나가기로 했다. 작가 선정을 전담할 편집위원회를 구성하고 전권을 위임하여 일체의 사적인 정실이나 청탁을 배제함으로써 전문성과 공정성을 확보해 나갈 것이다.

따라서 이 기획물 속에는 작가의 문학정신뿐만 아니라, 본사의 문학사적 기여 의지와 편집위원 제위의 수필문학에 대한 애정과 문인으로서의 양심이 함께 담겨 있음을 자부한다. 다만, 작가를 선정하는 기준에는 많은 견해의 차이가 있을 수 있고, 선정 과정에서도 미처 챙기지 못한 부분이 있을 것이라는 사실만은 인정하지 않을 수 없다. 이 점에 대해서는 관계자 여러분의 양해 있으시기 바란다.

이 시리즈의 발간 순서는 작가, 또는 본사의 사정에 의한 것일 뿐 그 밖의 어떤 기준도 적용하지 않았음을 밝힌다.

본 기획물이 시대를 초월한 많은 수필 애호가들의 관심과 애정 속에 우리나라 수필문학 발전에 한 이정표가 되기를 바랄 뿐이다.

2010년 10월

좋은수필 발행인 서 정 환

현대수필가 100인선 간행 편집위원 박 재 식 최 병 호

정 진 권 강 호 형

변 해 명

| 차례 |

몇 개의 아날로지

나무, 나무南無

오디를 따느라고 키 높은 뽕나무를 툭툭 걷어찬다. 커다란 돌덩이로 뽕나무 등걸을 거푸 친다. 아픔에 견디지 못한 뽕나무는 아직 설익은 오디를 떨어트린다.

죄를 불어야 한다고 뒤통수를 걷어차인 감방 안에서 그는 오디 같은 핏덩이를 토하고 갔다. 윤동주.

죄를 불어라. 매질은 다시 등골의 살을 뭉텅 찢었다. 옆구리를 찢기고 팔이 꺾였다. 물통에 머리 처박히고 천정에 거꾸로 매달렸다. 나팔은 불어야 하고 피리도 불어야 하는데 불어야

할 악기가 없어 불지 못하는 입술이 터졌다. 머리채를 꺾이고 바닥에 그냥 고꾸라졌다.

한 알 오디처럼 발길에 납작하게 찌그러졌다.

고로쇠나무도 옆구리를 뜯겼다. 뜯긴 자리에 빨대를 대고 수액을 빠는 물통을 기억한다. 재미를 본 맨 처음 물통이 물러가고 그 다음 물통이 주둥이를 찍었다. 그 다음과 그 다음 물통도 주둥이를 찍었다.

기진맥진한 고로쇠나무를 산새가 날아가다가 몇 번 울었다.

죄를 불어라. 뽕나무는 오디를 내려놓고 고로쇠나무는 고로쇠 물을 내려놓았다. 장마에 갇힌 산은 방금 안개를 내려놓는다. 내려놓을 것이 없는 풀잎은 제 몸에 기댄 물방울이나 할 수 없이 내려놓는다.

블휘 기픈 남ᄀᆞᆫ ᄇᆞᄅᆞ매 아니 뮐ᄊᆡ 곶 됴코 여름 ᄒᆞ나니

ᄉᆡ미 기픈 므른 ᄀᆞᄆᆞ래 아니 그츨ᄊᆡ 내히 이러 바ᄅᆞ래 가ᄂᆞ니.

섬유질

바람의 섬유질을 찾아 산림욕山林浴을 했다. 섬유질이 자욱한 강물에 몸 담갔다. 먼 산맥들이 직조하는 물결 같은 산등성이의 섬유질을 보고 있었다. 저녁놀을 등지고 절규하는 뭉크의 그림에 잠겨 있었다. 찢어도 찢기지 않는 놀빛 구름 속의 절규, 하늘을 도배질하는 질긴 섬유질이었다.

오징어를 찢었다. 오늘 찢은 오징어는 오늘의 섬유질이었다. 섬유질을 입에 넣고 우물거렸다. 입안에서 으깨지는 섬유질은 잇새를 얽어매는 오늘의 오징어였다.

그가 나무를 꺾으며 섬유질이라 한다. 그가 장작을 꺾으며 섬유질이라 한다. 나무와 장작 사이의 경계에 들앉아 에필로그는 아직 쓰지 않았다.

통영레토릭

청마문학관은 오늘 휴무중이다. 휴관 팻말에는 안경이 없고 언제 어디서 왔는지 청마선생, 팻말 등 뒤에서 안경을 고쳐 쓴다. 때 묻은 항구 너머 노스탤지어의 깃발*을 가만 흔든다. 청마문학관은 남망산에도 있다.

— 시 〈깃발〉은 남망산 공원의 청마시비에 새긴 작품.

윤이상거리를 찾아 간다. 동해물과 백두산은 동해에 있고 백두산에 있고 백두산 너머 베를린 하늘 아래 있다.

— 윤이상거리는 통영에 있다.

초정艸丁선생 눈빛은 〈이조李朝의 흙〉으로 가고 나는 오늘 〈꽃의 자서自敍〉를 읊는다. 문 빗장 걸려 있고 섬돌위엔 신도 없는 〈부재不在〉를 읊는다. 선지에 살아 있는 백자항아리, 깨끗한 부재와 깨끗한 적멸을 읊는다.

— 김상옥 시집 《三行詩》아자방, 1973.

“물또래야 물또래야 / 하늘로 가라. / 하늘에는 / 주라기의 네 별똥 흐르고 있다. / 물또래야 물또래야 / 금송아지 등에 업혀 / 하늘로 가라.”어느 해 ‘통영향인의 밤’ 행사에서 대여大餘 선생이 읊은 〈물또래〉는 물또래에게로 갔다.

— 김춘수 시집 《南天》근역서재, 1977.

사진첩에 관한 추억

앞줄과 뒷줄 사이 내 오른 쪽 까까머리인 그가 아득하다. 내 왼쪽의 그도 까까머리다. 까까머리인 지난날은 보면 볼수록 멀어져 가는 안개속이다. 오늘의 앞줄과 오늘의 뒷줄, 세상은 어쩌다 앞줄과 뒷줄 사이 그 불투명유리 속 같은 초등학교 시절의 까까머리다.

담장이 넝쿨처럼 엉거주춤 돌담을 타던 날이 있다. 돌담이나 타던 시절, 담장넝쿨이 몸을 파먹어 든 적이 있다. 몸을 낮추고 멀미를 하고 까마득한 하늘이나 멀거니 우러러 본 적이 있다. 노을에 잠긴 막막한 해거름을 불러보았다.

날은 저물고 어둠 속으로 천천히 걸었다. 어둠을 머리에 이고 걸었다. 장꾼들이 예닐곱, 어둠 같은 말소리로 두런거렸다. 달 같은 얼굴은 보이지 않았다.

삭은 철모에 뿌리를 걸고 할미꽃은 피었다. 할미꽃 뿌리를 껴안은 철모와 철모를 놓지 않는 할미꽃 뿌리는 육이오란 쓰라린 기억을 까마득히 산다.

철모와 할미꽃과의 껴안음, 그것은 끊을 수 없는 혈육이었다.

옛날 옛적에

동해물과 백두산이 마르고 닳도록—, 태극기가 바람에 나부낀다. 무궁화 삼천리 화려한 강산에 나부낀다. 동해물과 백두산에도 나부낀다. 이 기상과 저 기상으로 나부낀다. 괴로우나 즐거우나 나라 사랑하는 태극기가 바람에 나부낀다.

바다에서 뜨는 해는 생선 비늘 같은 비린내가 난다. 비린내를 찾아 바닷가에 선다. 코를 벌름거리며 해맞이를 한다.

문풍지는 바람소리를 몸에 감는다. 웅성거리는 바람의 근심을 몸에 감는다. 바람소리를 듣는 나는 한밤의 문풍지가 된다.

생각이란 사고 · 판단 · 추리 등 뇌에서 일어나는 정신작용이라고 우리말사전은 말한다. 수필은 생각의 줄기세포에 종알종알 매달린 땅콩이란 힘이다.

입술을 비집고 나오는 말에는 날개가 있다. 날개를 타고 말은 재빨리 허공을 난다. 말이 물속으로 지나갈 때 보라. 말의 몸에 달린 지느러미의 움직임이 환하다. 날개와 지느러미, 그것은 말의 몸이었다.

거실 창 너머로 새가 지나갔다. 새를 지우며 나뭇잎이 지나갔다. 나뭇잎을 지우며 구름이 지나갔다. 구름을 지우며 구름이 지나갔다. 지나가는 흔적은 지나가는 흔적끼리 몸을 섞었다.

그림자는 소리가 없다. 소리 없는 그림자가 소리를 따라간다. 따라가는 발걸음에도 그림자가 있다. 소리를 듣는 귀에 그림자가 깔린다.

어쩌다 한 옥타브 떠밀린 날은, 두 옥타브 떠밀린 날은, 조금 더 떠밀 수밖에 없었던 날은, 조금 더 조금 더 떠밀 수밖에 없었던 날은, 길섶 패랭이꽃이나 꺾고 있었다. 떠밀린 이야기 한 묶음 패랭이꽃 속에 패랭이꽃이 되어 눈뜨는 거나 보고 있었다.

햇빛이 가지 끝에 내려앉을 때 뜸이 든 가지 끝에서 꽃망울이 터졌다. 외지로 떠돌던 아비가 어쩌다 잠깐씩 집에 두를 때마다 어미의 배는 꽃망울처럼 부풀어 올랐다. 아비는 햇빛이었다.

바위를 뚫고 마애불 하나 걸어 나온다. 때때옷 입고 마중 나가자.

엄마는 치과의사였다. 이비인후과 의사였다. 엄마는 때로 안과의사였다. 이마를 짚던 엄마는 내과의사였다. 고개를 갸우뚱거리며 깊숙이 굽어보는 엄마의 눈에 내가 있었다. 엄마는 따뜻한 둥지였다.

동안거하는 상수리나무 우듬지에 햇살이 둥지를 튼다. 노란 부리를 내미는 햇살의 새끼 종알대는 소리 듣는다.

침묵이란 돌담 아래 혼자 엎드린 제비꽃이다.

어설피 봄이 오고 비듬 같은 황사, 달구지를 끌고 가는 아버지를 깎아 먹었다. 자갈길에 아버지가 휘청거렸다. 세상은 봄이 와도 자갈길임을 달구지가 말하고 아버지가 말했다.

빈 뜰에 피는 꽃이 폐가를 지킨다.

먹을 간 지 삼십 년이 지나도 붓이 떨린다. 나무를 깎은 지 삼십년이 지나도 대패가 떨린다. 떨리는 사람끼리 노가리 안주를 뜯어도 손이 떨린다. 농사를 지은 지 삼십 년이다. 지난 폭설에 쓰러진 돼지우리가 헛것이 되어서 떨리는 것을 본다.

노루귀 한 송이 눈을 떴나. 어미 품 모질게 끊어버리고 첩첩 산중으로 혼자 들어앉았나. 무슨 말로 다짐하며 집을 나섰나. 바람이 가만히 쓰다듬고 가나. 가다가 생각난 듯 뒤돌아보나.

기울어짐에 대하여 기울어졌다. 어디서 어디로 기우는지, 빨리 기울고 더디게 기우는지, 이쪽 기울어짐과 저쪽 기울어짐 사이가 아득했다. 나뭇잎 사이에서 희뜩희뜩 몸 기우는 하늘이 보이다가 아득했다.

몸에 지느러미를 달고 소리는 어디쯤 가고 있나. 꼬리 휘적거리며 소리의 바다 깊이 숨쉬고 있다. 소리의 부레와 소리의 아가미로 휘젓고 있다. 바다는 더 멀고 기우는 저녁놀에 휘파람새 한 마리 오고 있나. 내 안의 바다를 엿보고 있나.

전기밥통은 깊은 밤중에도 불을 켜고 밥을 따뜻하게 품고 있다. 수필을 위해서 나는 아무것도 품은 것이 없다.

새벽에 일어나 삶의 대상을 찾을 궁리를 한다. 대상의 빛깔, 대상의 모양새, 대상의 냄새, 대상의 생각을 찾아 내가 구하는 빛깔 모양새 냄새며 생각으로 옷 입히려 시침을 뗀다. 새벽에 문득 도둑고양이가 된다.

가시는 제 가시로 제 몸을 찌르지 않는다. 그러나 인간은 자해自害라는 이름의 가시를 몸에 들이댄다. 가시와 인간이란 수필을 생각한다.

물에 뜬 연꽃을 본다. 한 아이가 꽃을 건지러 물속에 손을 담근다. 아이의 손바닥에 연꽃이 핀다.

도마에 칼질하는데 기침이 터진다. 알약을 삼키고 칼질을 한다. 물 한 컵 마시고 딸꾹질을 한다. 딸꾹질하면서 칼질을 한다. 티브이 개그는 아까부터 도마에 칼질을 한다. 말 발굽소리를 한다. 칼질보다 더 빨리 말발굽 소리가 칼질을 한다. 딸꾹질 소리가 칼질을 한다.

어둠을 적시는 비가 왔다. 풀벌레 울음을 적시는 비가 왔다. 달은 어디로 몸을 감추었나. 뒤란 끝에서 열매가 익다가 슬그머니 떨어졌다.

눈에서 떠난 안경은 책상 위에 있다. 두리번거리지도 않는다. 내 호주머니에서 신분증이 떠났을 때 몹시 두리번거렸었다. 어디로 전화를 하고 호주머니를 발딱 뒤집었었다. 안경은 전화를 하지 않는다. 호주머니를 뒤집는 법도 없다. 안경 곁에 앉아 태연한 안경을 가만히 본다.

언어의 숲을 간벌間伐한다. 언어와 언어 사이에 묻혀 있던 씨앗이 비로소 눈을 뜬다.

창밖의 바다는 거품을 물고 온다. 물안개를 물고 온다. 바다가 수상쩍다. 이 수필의 문장 사이로 뱃고동 소리가 수상쩍다. 어긋난 코드가 수상쩍다. 물안개와 물안개 사이가 수상쩍다. 어긋난 코드를 지나 물안개를 지나 두런두런 웅성거리는 술꾼들이 지나간다.

문지방이 어깨를 움츠린다. 등을 토닥거려도 펴지 않는다. 펴지 않는 문지방을 가만히 보고 있다.

옛날이야기는 바람이었다. 귀에 꽂은 수신기가 바람을 듣는다.

입술 달싹거리며 바람을 읽는다. 바람은 다시 옛날을 읽는다.

날이 저물고 주춤거리는 어둠 사이 어둠을 적시는 비가 왔다. 풀벌레 울음소리가 사라지고 있었다. 별은 어디서 몸을 감추었나. 함부로 들키지 않는 암호처럼 뒤란 끝에서 열매가 익다가 슬그머니 떨어졌다.

섬을 찾아가는 바다는 또 다른 섬을 불러내고 있었다. 섬과 섬 사이 밀물 썰물을 다시 불러내었다. 소금기 같은 목소리였다. 수염 텁수룩한 장보고는 두어 번 기침을 하다가 되돌아갔다.

갈대는 한두 번 몸을 비비적거리다가 주저앉는다. 강물을 내어 주고 또 다른 강물의 길을 연 갈대, 세상 따라 바뀌는 길이라고 갈대는 더 이상 갈대란 이름을 들추지 않는다. 물새가 날아가는 방향으로 강둑은 강둑을 달고 저만치 사라진다.

두 갈래로 터진 길 앞에서 머뭇거린다. 산에서도 그랬다. 헷갈리면서 살아온 두 갈래의 삶에서 머뭇거렸다. 넓은 하늘 까마득히 구름은 다섯 갈래 여섯 갈래 길을 망설임도 없이 가고 있다.

창밖의 바다는 거품을 물고 온다. 물안개를 물고 온다. 바다가 수상쩍다. 이 문장 사이로 뱃고동 소리가 꺼져간다. 현실과도 코드가 어긋난 코드가 수상쩍다. 물안개와 물안개 사이가 수상쩍다. 어긋난 코드를 지나 물안개를 지나 두런두런 웅성거리는 상두꾼이 수상쩍다.

손바닥에 책을 올려놓았다. 책장 가득 검은 글자만 깨알처럼 박혀 있고 깨죽은 없다. 깨알 같은 글자 속에 깨죽 쑤는 길이 있다. 행간에 발린 깨알 같은 구절을 요리조리 눈으로 뜯었다.

달을 위한 콜라주

항아리 입술에 꽃꽃이처럼 달이 뜬다. 빈 항아리에 달이 찬다. 항아리의 입술 어디 분수 같은 꽃가지가 빗금을 친다. 꽃가지 끝에 달무리가 뜬다. 항아리 하나 달무리 속에 동그만 가부좌를 튼다.

밤배 떠나간다. 떠나는 밤배를 타고 가는 달무리가 있다. 가는 곳을 알 수 없는 소복한 울음이 멀어지고 있다.

모래 알갱이 속에서 우주를 보았다고 누가 말한다. 하늘이 있고 달이 있고 검을 현玄과 누르 황黃을 누가 말한다. 모래 알갱이의 우주를 스치며 밤엔 달무리가 지나간다. 아득히 아득하게.

강냉이튀밥봉지가 터진다. 튀밥을 따라 아이는 거실 여기저기를 튀밥처럼 굴러다닌다. 아이의 몸이 튀밥이다. 머리와 허리와 무릎에도 달라붙은 튀밥은 아이를 뜯어먹고 아이의 몸에 핀 꽃이 된다. 꽃을 매단 아이는 제 몸에 핀 꽃을 주섬주섬 뜯어먹고 튀밥나무가 된다. 더 많은 꽃을 찾아 우듬지 쪽으로 뿌득뿌득 기어오르는 아이의 입술에 튀밥처럼 매달리는 달이 뜬다.

어둠에 잠겨드는 바다는 아득했다. 잘록한 만곡彎曲을 지나 더 깊은 어둠속으로 몸을 사렸다. 조막만 한 조각달이 얼굴을 내밀었다. 새 한 마리도 없이 솟대는 조각달 아래 몸을 사렸다.

칭얼대는 갈대밭 속에서 낮달은 자꾸 낮달이라고 한다. 바람은 자꾸 바람이라고 한다. 철 지난 물새의 발자국이 지나갔다. 발자국을 따라간 낮달이 있다. 아무도 눈여겨보지 않았다.

핏덩이처럼 끈적끈적한 달무리 뜬 지붕 너머로 둥지를 튼 그것은 안개였다. 밤이 깊어도 일렁이곤 했다. 조금 더 끈끈하게 조금 더 진하게 일렁이곤 했다. 밤이 깊어도 안개는 옷자락을 사리며 거기 있었다.

망가진 의자는 망가진 의자끼리 아픔에 길들었다. 망가진 어깨 망가진 허리 망가진 무릎 망가진 뒤꿈치에 길들었다. 발바닥으로 딛고 사는 바닥도 사라지고 바람이 사라지고 망가진 의자는 망가진 등받이가 차라리 아득한 달빛이었다.

눈언저리 어디가, 마른 그림자 어디가 가렵다. 물때는 오지 않고 티눈 같은, 검버섯 같은 바람막이 어디가 가렵다. 별일은 아닌데 오줌발이 어쩌다 마렵다. 달 속에 달이 뜨는 어지럼증이었다.

달빛이 아득하다고 너는 말하고 나는 땅바닥에 낙서를 한다. 동그라미를 그리고 세모꼴을 그리고 화살표를 그린다. 화살표 하나 동그라미를 뚫고 날아간다. 화살표는 세모꼴을 명중하지 못한다. 나는 세모꼴의 꼭지에 깃발을 꽂는다. 화살표는 깃발을 명중하지 못한다. 사는 것이 장난이 아니다. 장난이 아닌 동그라미와 세모꼴과 화살표 속에 희끄무레한 옛날을 본다.

어쩌다 달빛에 살이 깎이고 어쩌다 사금파리에 살이 깎였다. 어쩌다 사금파리에 넋이 깎이고 넋을 따라 울먹이는 달이 보였다.

접시에 곁들인 아이스크림과 음표처럼 오목한 스푼을 보았다. 초이레 달이 아이스크림 접시 너머 잠겨 있었다. 칠월 칠석이었다.

달빛에 깨지는 서낭당 얼굴을 보러 갔다. 깨진 얼굴이 흘러내렸다. 아직 눈을 뜨지 못한 뇌수들이 물 빠지듯 새어나왔다. 모가지가 일렁이고 엉덩이가 일렁거렸다. 일렁거리다가 일렁이지 않는 뇌수도 있었다. 아직 눈뜨지 못한 뇌수들은 넝쿨처럼 너부러져 있었다. 입을 오물거리는 시늉도 했다. 눈을 뜰 듯 어떤 뇌수는 달맞이꽃이 되어 달 속으로 가뭇가뭇 스며들었다.

붉은 달을 키웠다. 나무상자 속에서 눈알만 빠끔 끔적이는 간이 작은 달을 키웠다. 어둠이 지나가는 창문 틈새로 얼비치는 바람은 있는 것 같고 없는 것 같기도 했다. 밤배 통통거리는 바다에 뜬 붉은 달을 건졌다.

추어탕 장수는 소쿠리의 미꾸라지를 가마솥의 입안으로 방생한다. 붕어빵 장수는 붕어빵 틀에서 붕어를 꺼내어 사람들의 입안으로 방생한다. 나는 나를 찜질방 입안으로 방생한다. 찜질방 문설주 너머 찜질로 몸을 달군 불그레한 달은 방금 외출중이다.

칡넝쿨 사이에서 달빛을 받아먹는 칡꽃이 있다. 구름이 오다가 가고 새가 울지 않는다. 달빛을 받아먹은 칡꽃은 달빛이 되어 한밤 내 핀다.

전등을 켜고 불빛에 쫓기는 어둠의 발자국 소리를 듣는다. 정체를 감추고 사는 어둠과 어둠의 똘마니들에게 불빛은 천적이다. 가로등 아래 섰다. 저만치서 서성대는 어둠은 천적인 불빛에게 삿대질을 한다.

내 안에 사는 예닐곱 살 달빛은 동구 밖에 서 있다. 장에 간 엄마를 기다리는 중이다. 또래들은 가고 혼자 서 있다. 혼자인 나는 달빛의 노끈에 묶인다. 어디론지 끌려가는 나는 아직도 예닐곱 살 달빛 속에 있다.

공사장 끝에서 빈 구덩이를 보았다. 종잡을 수 없는 어느 옛날에 순장된 달이 떠올랐다. 오래된 달빛은 어긋났다. 자정이 지났다고 문자판 시계는 눈을 깜박거렸다. 달빛 방향으로 가고 있는 수상한 구덩이를 나는 지웠다.

눈에 묻힌 밤 도시는 백야白夜의 침묵과 침묵 중이다.

달빛에 깔린 산은 몸을 사린다. 책장을 넘길 때도 글자에 깔린 책갈피 바닥이 몸을 사린다. 달빛을 걷어내고 글자를 걷어낸다. 비로소 나는 산속에 길이 있고 책 속에 길이 있다는 말을 주절거린다.

잔별 많은 하늘에 뜬 근심 많은 달은 잔별이다.

지붕 끝에 둥지를 튼 달무리를 보았다. 조금 더 끈끈하게 조금 더 아프게 일렁이는 듯했다. 밤이 깊어도 달무리는 달무리였다.

밤중에도 기차는 간다. 어디만큼 가나, 삼랑진만큼 간다. 어디만큼 가나, 청도만큼 간다. 어디만큼 가나, 대구만큼 간다. 능금 철에는 능금을 따먹고 단감 철에는 단감을 따먹고 어디만큼 가나, 달나라만큼 간다.

언어와 꿈

시는 때로 발 빠른 바람이고자 한다. 숨 가눌 새 없는 이미지와 이미지의 충돌로 파생되는 새로운 이미지의 물결이고자 한다.

시는 때로 가스불에 펄펄 끓는 전골냄비이고자 한다. 은근한 모닥불 요리의 감칠맛에도 입맛 다시는 숟가락이고자 한다. 때로는 따끈하고 또 때로는 구수한 된장찌개이고자 한다.

첫날 밤 신부의 옷을 벗기듯 시인은 시적 대상의 옷을 벗긴다. 그 떨림과 설레임으로 시는 출렁임을 갖는다.

시적 대상의 옷벗기기.

어쩌면 시인은 매저키스트, 그 우울증을 앓는 영원한 탐미

주의자다.

시는 고슴도치다. 가까이 하면 서로 찔린다. 찔리지 않으려고 거리를 유지하고 저마다의 집을 찾아 등을 웅크린다.

웅크린 뒤에도 뾰족뾰족 날카로운 가시를 세운다. 그런 독신주의자다.

고구려 사람은 해를 섬기고자 세발까마귀를 머리에 인다. 달을 섬기고자 거북을 머리에 인다.

인다는 것, 그것은 받듦이다. 해와 달을 받들 줄 안 슬기를 섬기고자 오늘 시인은 고구려 사람을 머리에 인다.

거미의 전생은 어부였을레라. 바다에 망을 치는 어부의 슬기로 거미는 허공에 망을 친다. 걸려드는 날벌레로 일용할 양식을 삼는다.

시인의 전생은 잠자리채였을레라. 허공에 망을 치는 아이의 슬기로 시인은 잠자리채에 걸려드는 허공으로 시의 즐거운 양식을 삼느니라.

봄이 와도 왜 우리에겐 봄이 아닌가. 겨레의 허리를 묶은 휴전선이란 허리끈 때문이다. 허리끈이 풀려야만 맨살이 된다. 맨살로 서로의 살 부빌 때 비로소 뜨거운 피가 달아 한 몸 한 뜻인 겨레가 된다.

시 또한 대상과의 화끈한 맨살 비비기다.

자장암 금당 후면 바위 속에는 금개구리가 산다는 개구리 눈알만큼한 구멍이 있다.

피리의 매듭 속에는 저승소리가 사는 피리 눈알만큼한 구멍이 있다.

블랙홀 또한 우주의 구멍이다. 이승 아닌 저승이 구멍속에 있다. 저승소리가 숨어 사는 피리, 그것은 블랙홀이다.

바다에서 사귄 언어에는 갯내가 난다. 산에서 사귄 언어에는 솔씨가 묻어 있다. 갯내를 데불고 산에서 논다. 솔씨를 데불고 바다에서 논다.

어느새 언어는 갯내도 솔씨도 아니다. 언어의 어울림. 시는 이 어울림으로 비로소 새로운 바다와 산을 껴안는다.

껴안기의 첫날 밤, 첫 입맞춤.

시인 전봉건의 연작시 〈돌〉에는 한탄강 물빛이 어려 있다. 물새 울음소리로 닦여 있다. 떠돌이 피리소리로 잠겨 있다. 들릴 듯 말 듯, 거룻배 떠나는 소리를 한다.

역사는 먼지라고 현석 선생은 어느 수필에 썼다. 소리없는 먼지의 쌓임. 먼지는 쌓일수록 두꺼운 역사책이 된다. 푸른 이끼가 된다. 흐득이는 눈발소리가 된다. 자진모리에서 중모리 진양조로 쌓이는 소리를 한다.

소리 없는 먼지, 그 속에 소리가 있고 역사가 있다.

누군가 날라리를 불고 있다. 저승 어디가 보이는 것 같다. 눈알 부라린 사천황상이 보이는 것 같다. 보이는 것 같다고 중얼거리면 보이지 않던 것 또한 슬그머니 눈을 뜬다.

휘갈긴 낙서를 뒤적거린다. 엉크러진 낙서 속에 비파를 켜고 있는 다문천多聞天 어디가 보이는 것 같다.

연밥 꼬투리 속에는 뻘구덕에 잠겨 꿈지락거리는 하늘이 있다. 구름이 있다. 바람이 있다. 알을 슬 때의 몸짓 같은 사부작거리는 향기가 있다.

연밥 꼬투리 속에는 그렇다. 햇빛과 달빛이 뒤엉켜 살을 섞은 햇빛과 달빛의 새끼가 있다. 새끼라고 불리우는 시가 있다.

시의 자궁은 무시로 빠개지는 고통에 찬다. 서정시며 서사시가 탯줄을 달고 자궁을 비집고 미끄러진다. 순수시며 참여시란 배꼽도 보인다. 셋 넷하며 질서 있게 따라붙는 모범생 같은 정형시, 삼삼오오 토막토막 갈래진 자유시, 지루한 행렬을 기다리는 산문시가 모래집 물속에서 눈을 뜬다.

빠개짐, 그것은 시를 위한 피흘림이다. 피를 흘려야만 비로소 금깃줄 하나 축제처럼 시의 대문간에 높이 걸린다.

시쓰기는 일종의 알까기이다. 암탉이 달걀을 까듯 시인은 시라는 알을 까는 암탉이다. 그런 즉 보라, 암탉이 울어야 시는 비로소 되는 집안이니라.

시는 옷고름이다. 풀면 풀수록 풀리지 않는 수수께끼다. 알지 못하는 사이 옷고름은 또 다른 수수께끼의 옷고름을 맺는다. 하지만 풀리지 않음으로 오히려 옷고름이다. 헤프게 가슴을 열지 않는 매서운 정절, 시정신이란 곧 옷고름 깊숙이 감춘

서슬 푸른 은장도다.

시인의 가슴은 거문고다. 올올이 풀어내는 중모리다. 한 올 진양조 가락을 뽑아내기 위하여 시인은 시들시들 병을 앓는 오동나무다.

밤중에 깨어 오동나무에 걸린 달을 본다.

별을 보고자 지구는 캄캄한 밤을 만들어 눈을 감는다. 시인은 추억이라는 별을 보고자 지긋이 눈을 감는다. 감은 눈 속에 떠오르는 모습은 지구가 눈을 감았을 때의 그것이다. 하늘과 바람과 별과 시, 윤동주란 별 하나 캄캄한 하늘에 눈 뜨고 있다.

시인은 생각하는 컴퓨터이다. 엔터 키에 손이 닿자 줄줄이 시의 가닥을 풀어낸다. 그런 즉 시인의 두뇌 속에는 시를 위한 잡동사니가 고여 있어서 시의 유비무환에 따듯한 일조를 한다.

하지만 컴퓨터는 저장된 것만큼만 쏟아내는 먹보다. 이 점 시인은 그가 갖는 두뇌컴퓨터에 무수한 시의 소재를 내장하고자 특수한 사고 기능을 탐구 개발하는 시적 과학자이다.

구슬이 서 말이라도 꿰어야 보배니라. 따로따로 흐트러진 구슬은 서로가 눈치보는 구슬일 뿐 보배는 아니다.

낱말이 서 말이라도 꿰어야 문장이다. 따로따로 흐트러진 낱말은 서로가 눈치보는 낱말일 뿐 문장은 아니다. 문장이 되자면 낱말의 화합이 있어야 한다. 시인은 낱말의 화합을 이끄는 길라잡이니라.

주민등록 등본을 떼고 지워진 이름에 눈이 간다. 헤어진 피붙이의 이름을 지워진 칸에서 찾아낸다.

어느 날은 겨울 등산길에서 빈 몸으로 버티고 선 나무를 본다. 열매를 떨구고 잎을 떨구고 홀로 선 나무에서 주민등록 초본을 떠올린다. 어느새 나는 겨울나무다.

버스 손잡이에 흔들린다. 흔들리는 바깥 풍경은 깊은 겨울이다. 나도 덩달아 겨울이다.

공통분모가 된 겨울 표정 어깨 너머로 싸늘한 얼음 한 장 떠오른다. 그것은 달이다. 쪽박이다. 달도 쪽박도 아닌 다른 무엇이다. 무엇이라고 보이는 어정뱅이다.

어정뱅이를 찾아 잡은 손잡이에 흔들린다.

꽃망울에도 피는 차례가 있을까. 한 나뭇가지에 매달린 꽃망울인데 어떤 것은 아침에 또 어떤 것은 저녁나절에야 조심스런 망울을 터뜨린다. 그러나 터뜨리기를 끝내 망설이는 고집부리 꽃망울도 있기는 하다. 마음에 심어 둔 시의 씨앗 또한 때로는 옹고집 부리는 꽃망울임을 어쩌랴.

기상도에 나타난 태풍의 눈알은 빨갛다. 시 또한 무한광야를 난타하는 눈빛 붉은 태풍이다. 기존의 질서를 까뭉개고 새 난장판으로 지리를 낯설게 한다. 시는 어차피 언어에 황당무계한 무법주의자다.

마음이 가난한 자는 복이 있나니 초승달이 장차 보름달로 차오름을 예견함이니라.

공즉시색 색즉시공인즉 보름달은 어느새 그믐달이니라. 기운 그믐달에 살이 올라 잘 여문 보름달 하나 지붕 위에 매다는 농법이니라.

시 또한 공즉시색 색즉시공인 농법이니라.

수탉 두 마리가 마주보고 있는 고구려의 고분 현실玄室 천장에는 연꽃이 피어 있다. 연꽃이 피었다고 수탉이 홰를 치듯 길게 울고 있을까. 아니, 현실 속에 잠든 주인더러 연꽃 좀 보시라고 우는지도 모른다.

아직도 옛적 그대로인 듯한 수탉 울음과 연꽃 벙그는 소리는 어쩌면 고구려의 노래다. 나는 그 노래를 듣고자 수탉 앞에 한 발 더 다가선다.

물 한 사발 소반에 떠놓고 비손 올리던 어머니의 자리는 비어 있다. 사발도 비어 있다. 어느 누구도 빈 자리를 메꾸지 못한다. 어느 사발도 어머니의 비손사발이 되지 못한다.

못한다는 뜻은 무엇일까. 시쓰기는 어쩌면 못한다를 찾아 헤매는 덧없는 길이다. 찾다가 끝내 찾지 못하는 허방인지도 모른다. 하기에 시쓰기는 허방을 짚으려는 안타까운 술래잡기인지도 모른다.

차선을 따라 눈을 껌벅이는 자동차는 차선에 들어서자 깜박이를 닫는다. 컴퓨터 또한 숨은 정보를 탐색하고자 눈을 깜박인다.

시인은 시의 차선을 찾아 들어서고자 눈을 깜박인다. 하기에 시인을 시인이게 하는 것은 깜박이는 시인의 초롱초롱한 눈이다.

절망은 허공이다. 시궁창이다. 시궁창이라고 일컫는 캄캄한 늪이다. 몸을 꿈적거릴수록 더 깊이 빠져드는, 끝이 보이지 않는 질척한 늪이다. 시 또한 어쩔 수 없는 늪이다. 빈 바람소리가 지나가는 늪.

우수 경칩 지나고 나무는 뜻밖에 몸살을 앓는다. 양지바른 언덕이 부스럭거리는 소리를 한다.

시를 싹 틔우고자 시인은 입술 부르트는 몸살을 앓는다. 몸살이란 어차피 시인이 짊어진 평생 고질인 우수 경칩이다.

나무도 가을을 안다. 잎과 아람을 떨어트리는 소리를 한다. 어쩌면 그것은 가을풍류다. 그러나 비듬 한 조각 떨어트릴 줄 모르는 나, 멍하니 앞산 이마에 눈을 준다. 살아온 날이 앞산 오솔길에 비치고 있을까. 어떻게 살아야 한다고 앞산이 진양조로 타이르고 있을까. 때로는 중모리로 몰아붙이고 있을까. 그러나 아무 산조도 듣지 못한다.

가을에 깊은 음치가 된다.

시 속에는 절묘한 상징의 숲이 있다. 헤프게 말하면 능청을

떠는 속임수가 있다. 독자는 이 속임수에 넘어가지 않으려 거짓말 탐지기로 상징의 숲을 뒤진다. 시읽기란 어찌 보면 상징과 거짓말 탐지기와의 부단한 싸움이다. 어느새 시는 발가벗긴 채 가슴을 뜯기고 성한 팔다리마저 멍투성이가 된다. 그럴수록 시는 어떤 요기를 드러낸다. 처절한 아름다움, 혹은 새디스트의 눈빛.

시 속에는 사람을 호리는 상징이란 이름의 염색체가 있다.

까투리의 알을 찾으려면 야산에서 풀섶을 조심스레 뒤져야 한다.

시의 알맹이를 찾으려는 독자에게 행간이란 야산의 칠칠한 풀섶이다. 헤치고 들어가면 또 다른 풀섶이 시의 알맹이를 깊이 감춘다. 수수께끼 풀이와 같은 시의 알맹이 찾기에서 문득 비밀번호를 연상한다. 그렇다. 시의 알맹이 찾기란 시 속에 도사린 시의 비밀번호를 캐내는 모종의 정보사찰이다.

절망, 그것은 시의 씨눈이다. 씨눈을 배태하고자 시인은 시름시름 절망이란 열병을 앓는다. 그러므로 절망은 시인을 보다 더 시인이게 하는 떨칠 수 없는 평생 고질인 가슴앓이다.

앓는 쾌감으로 또 다른 절망을 찾아 나선다. 부질없는 일이

지만 어쩔 수 없다. 그는 어차피 시인이다.

시쓰기란 가슴과 머릿속의 군살빼기다. 군살에 박힌 시의 실뿌리를 찾아 군살을 걷어낸다. 드디어 군살 한 점 없는 맑은 경지에서 시는 논다.

낭떠러지 끝에 노는 대엽풍란 한 촉의 향기를 본다.

눈발에는 눈발만이 갖는 냉철한 언어가 있다. 흩날리는 모습대로의 추억이 있다. 언어든 추억이든 그것은 눈발의 몫이다. 시인은 그 몫을 캐고자 내리는 눈발에 추근추근 등뼈를 기댄다.

시계를 버리고 시간을 까마득히 잊으려 한다. 달력을 버리고 날짜를 까마득히 잊으려 한다. 시계에 얽매이지 않을 때 시간은 나에게서 떠나 버린다. 달력에 얽매이지 않을 때 날짜도 나에게서 떠나 버린다. 시간과 날짜는 어느새 내것 아닌 무엇으로 사라져 간다.

보라, 나무에게는 시간이 없다. 달력이 없다. 가슴으로 새기며 사리 같은 목리를 남길 뿐이다. 장좌불와의 구도 정신을 꼿꼿한 나무에게서 읽는다.

나무는 선사였다.

쑥쑥 키를 뽑아 올린 풀밭에서 아직 미적거리는 장마전선 기상도를 읽는다. 움츠린 내 시의 풀밭에도 장맛비를 꿈꾼다. 그리하여 쑥쑥 키를 뽑는 시의 풀밭을 가꾸고 싶다. 아니다. 키를 뽑아 올리는 풀밭을 낫으로 베어 내고 새로 치솟는 풀밭마저 베어 버리고 싶다. 끝내 베어 낼 풀포기 하나 없는 황량한 풀밭에서 떠나고 싶다. 비로소 다가오는 서늘한 해방감.

해방감은 그러나 또 다른 시에의 족쇄다. 시인은 어차피 시라는 족쇄를 끼고 시의 풀밭을 기웃거리는 각설이꾼이다.

신대에 몸을 맡길 때 무당의 몸은 댓잎처럼 뜬다. 그 몸으로 시퍼런 작두날을 겁 없이 타고 새로운 무꾸리의 세계에 선다.

붓이라는 신대를 따라 시인은 시의 섬뜩한 작두를 탄다. 그 때 정신은 차라리 맑고 가벼워진다. 그 정신으로 빚은 한 편의 시는 그러나 빚어지는 순간부터 이미 낡은 작둣날이 되어 시인으로 하여금 새로운 작둣날을 갈게 한다.

사람은 그만이 갖는 물리적인 열쇠 꾸러미를 몸에 찬다. 그 꾸러미로 닫힌 사물의 내부를 연다.

상상력이란 열쇠는 대상의 내면 풍경을 트는 눈부신 빛을 쏜다. 그 빛으로 대상을 전혀 다른 대상으로 탈바꿈시키는 마술적인 신명풀이를 쉽사리 저지른다. 일을 저질러 보다 더 새롭고 신선한 세계의 내면 풍경에 눈뜬다.

시를 읽다가 밑줄을 친다. 밑줄 가장자리에 작설차 다관이 앉아 있다. 다관 허리께를 쓰다듬는다. 안두에 끼어든 저녁 어스름을 쓰다듬는다. 어둠이 슬금슬금 풀리고 있다. 어둠에 한 가닥 밑줄을 친다.

어둠을 빛이 되게 하는 것은 시다. 태초에 시가 있었다.

거문고나 가야금이 우리 소리라면 바이올린과 첼로는 서양의 소리다. 언어가 다르듯이 소리 또한 달라서 궁 상 각 치 우를 서양식 음계로는 요량하기 어렵다.

그런 즉 보라. 우리 시의 탯줄 속에는 궁 상 각 치 우가 실뿌리처럼 튼튼하게 잠겨 있으렷다. 그 잠김으로 비로소 시는 우리 핏줄, 우리 숨결이다.

절망의 씨알 속에는 씨눈이 있다. 씨눈을 틔우고자 절망은 캄캄한 땅 속에 몸을 묻는다. 아무도 모르는 어둠을 만든다.

검은 자루 속에서 꽃을 피우고 비둘기를 날리는 마술사의 손끝에는 씨눈이 있다. 아무도 눈치 채지 못하는 사이 어둠을 만들어 빛을 뽑는다. 절망 속에는 빛이 있다.

칡넝쿨 가시덤불이 가는 길도 어차피 길이다. 천 길 벼랑 끝에 매달리는 풍란의 길도 오히려 매운 길이다. 길이 아니라고 되돌아서는 그 길도 어엿한 길이다.

길이 아니면 가지 말라는 그 길 또한 길이다. 모든 길은 로마가 아닌 시로 통하는 때론 앞이 캄캄하고 때론 신명나는 길임을 안다.

몽타주, 시간을 위한

르네 마그리트에게

지둥은 지둥끼리 찢어발기고 천둥은 천둥끼리 찢어발긴다. 오늘 이 시간은 어제 그 시간을 찢어발긴다. 찢어진 시간의 자궁 밖으로 피 묻은 얼굴이 태어난다.

해 기우는 언덕

시간은 어쩌다 오다가 오지 않네. 시간은 어쩌다 가다가 가지 않네. 단풍나무 가지에 매달린 빨갛고 노란 시간에 홀려 머뭇거리네. 빨강과 노랑을 암내처럼 처바른, 암내처럼 처바르고 키득거리네. 시간은 어쩌다 단풍나무가 아닌 또 다른 암내를 키득거리네.

등대 아래

가까운 어둠이 그만 들킨다. 멀리 숨은 어둠도 그만 들킨다. 눈 깜박거리며 기울어지는 들킨 어둠의 바다가 팔짱을 낀다.

아리랑 아리랑

옛날 옛적에 아리阿里라는 마을이 있었다나요. 돌담 틈새로 눈 맞춘 아리 낭군과 아리 낭자가 살았다나요. 아리랑阿里郎 아리랑阿里娘 손 맞잡고 아리 고개를 넘어간 길에 노래만 혼자 남아 늙었다나요.

저무는 소리

저녁놀을 읽는다. 노을에 쓸리는 들풀과 바람 푸시시 빠져

나가는 들풀 틈새를 읽는다. 읽는 동안에도 물가마귀는 날아가고 해 저무는 소리로 날아가고 저무는 들풀은 저무는 노을에 등을 기댄다.

귀고리

물음표[?] 같은, 미끼를 매단 귀는 세상의 소리를 낚시질한다.

웅덩이

허공은 허공이라는 말을 하지 않아도 절로 감감한 웅덩이다. 웅덩이를 보러 갔다. 말없는 그 속에 말이 있다는 허공의 시간을 멀리 읽었다.

들풀에게

목이 꺾인 들풀의 이름이 아득하다. 꺾인 채 일어서려는 안간힘이 아득하다. 핏덩어리 한 사발 쏟아내고 잠긴 몸은 또 어쩌나. 비가 오면 비, 진눈깨비가 오면 진눈깨비에 등 웅크린

허우대, 고드름이 된 허우대, 소리 잃은 허우대, 진눈깨비를 끌어안고 소리 잃은 시간도 가만히 아득하다.

빨랫줄

눈 그치고 빨랫줄에 걸린 고드름이 맵다. 눈보라에도 끄떡없는 빨랫줄, 어긔야 디롱다리, 고드름 미끼로 엄동嚴冬을 낚는 시간이 맵다.

몽정

까만 볼펜은 까만 몽정을 한다. 빨간 볼펜은 빨간 몽정을 한다. 몽정을 모르는 까만 볼펜과 빨간 볼펜은 볼펜을 닮은 볼펜의 허우대, 시간을 잃었다.

꼭두각시놀이

떠난 시간은 떠난 길에서 주춤거렸다. 어정댄 만큼 길을 잃었다. 이마의 미열은 이마를 찾아 이마에 차고앉았다. 길을 잃은 시간과 이마에 차고앉은 미열은 그러므로 잃음과 찾음이란 꼭두각시 놀이였다.

솜을 타는 어머니

두꺼운 구름자락이 눈송이를 소복소복 풀어 내린다. 솜을 타던 어머니가 구름 속에 있다. 한 나절이 지나고 구름이 가벼워진다. 어머니가 가벼워진다. 이윽고 보이지 않는다.

실루엣

멀리서 보는 탑은 사람이었다. 가까이서 보는 탑도 사람이었다. 사람이 되기 위해 돌은 탑이 되었다. 탑이 되기 위해 사람은 돌이 되었다.

문

문안에 문이 있고 그 안에 또 문이 있다. 열면 열수록 더 많은 문, 문이 있어 들어갈 길이 있고 문이 있어 나가는 길이 있다.

길을 찾아 시간은 문을 열고 문이 있어 시간은 길을 닫는다.

노래를 부를 때

내 안에서 노래 한 소절이 머뭇거린다. 그걸 찾으려고 고개를 갸웃거린다. 반주곡이 들리다가 머뭇거린다. 아직 남은 소절이 머뭇머뭇, 노래가 끝났다고 툭툭 옆구리를 친다. 노래의 인두겁이 나를 친다.

뜨거운 감자

벌겋게 익은 팔뚝이 껍질을 벗기는 손바닥에 너덜거리는 몸은 감자였다. 이 손바닥에서 저 손바닥으로 자주 옮겼다. 자주 짐을 싸면서 살아야했던 시절, 뜨거운 감자란 담론이었다.

층층이나무

언덕 아래 나무는 언덕 위 나무를 타고 구름과 논다. 언덕 위 나무는 언덕 아래 나무를 타고 강물과 논다. 팔월 한가위.

사건

벽에 걸린 두 개의 못이 서로 으르렁거린다. 한 판 붙어보자고 팔을 걷어붙이는 시늉을 한다. 치고 박는 싸움이 벌어지면 어쩌나. 걸려던 족자를 도로 접는다.

영안실

하얀 가운과 하얀 두루마리와 하얀 마스크와 하얀 장갑과 하얀 벽이 있다. 하얀 벽은 어쩌다 하얀 시간이다. 검정도 노랑도 파랑도 아닌 헐렁하고 텅 빈 무성음無聲音이다.

지하전철 광안역

갈매기 울음을 다시 듣는다. 긴 어둠과 소통한 내 마음의 바다에도 갈매기는 운다. 늦도록 오지 않는 시간을 운다.

다시, 사건

정수기에서 식탁으로 옮아앉는 컵은 옮아앉는 만큼의 시간을 산다. 컵 속의 물이 갈앉고 방금 어느 곳에서 지진이 벌컥 땅을 엎어버리는 진동을 한다. 엎어버린 진동은 엎어버린 시간을 산다.

문풍지 바람

거덜난 세상을 그가 말했다. 미적거리는 미련과 비손 올리는 서글픈 물 사발과 달이 지는 밤을 그가 말했다. 조금은 적막하다고 캄캄한 절벽이라고 그가 말했다. 텁수룩한 시간을 쓰다듬었다.

무궁화열차

안내책자 속의 다음 역을 읽는다. 아직 내려가지 않는 늦게 먹은 저녁이 트림을 한다. 안내책자가 받아 읽고 트림을 한다. 다음 역은 아직 다음 역에 있다. 곁에 앉은 매부리코가 코를 곤다. —토껴! 코를 골던 그가 잠꼬대를 한다.

아리랑

요즘은 날마다 길을 버린다. 어제 가던 길을 오늘 버린다. 오늘 버린 길을 내일 버린다. 버리면서 살아야 길이 보이는, 길 끝에 사라진 길을 버린다.

싸리꽃에 핀 노을

거울 속엔 세월이 지나가는 흔적이 있다. 그 흔적에 나는 손바닥을 댄다. 이순을 지나가는 꺼칠한 바람이 손금에 닿는다.

언젠가 산길을 타다가 등 굽은 나무를 보고 있었다. 왜 그렇게 굽었느냐고 묻지 않았다. 묻지 않아도 알 듯했다. 손바닥으로 흔적으로 어루만지던 때처럼 나무의 등걸을 쓸어주고 있었다.

거울 속의 나는 영락없는 등 굽은 나무였다.

천둥 번개가 다시 앞산을 후려치고 있다. 장독 깨지는 소리 같다. 한 섬들이 간장독을 실수로 깨트린 이웃 아낙은 시름시름 앓다가 천둥 번개 후려치는 날 이승을 떴다.

한발이 빚은 아프리카의 떼죽음을 나는 사진으로 보고 있다.

등에 올라탄 손주녀석은 제 손바닥으로 할아버지 엉덩이를 탁탁 친다. 앞으로 기어, 호령도 건다. 앞으로 기는 척하다가 슬그머니 뒷걸음을 친다. 할아버지말은 뒷걸음질말이라며 제 엉덩이를 슬금슬금 굴린다.

뒷걸음질, 요즘은 내 글도 뒷걸음질이다. 내가 내 글의 손주가 되어 글의 엉덩이나 탁탁 친다.

산길에서 길벌레 한 마리를 만났다. 길벌레는 숨 가쁘게 나를 피하는 듯 풀섶을 헤치고 풀잎이 되었다. 보잘것없는 미물이 때로는 풀잎, 또 때로는 돌이 될 줄을 안다.

산길을 걷는 동안 나는 세상의 눈에 보잘것없는 미물이다. 그런데 풀잎이 될 줄을 모르고 돌이 될 줄도 미처 모른다.

풀잎을 밟지 않으려고 걸음을 조금 더 멀리 놓았다.

집집마다 근심도 많고 쾌지나 칭칭나네 - IMF시대의 추석.

비둘기는 충무공 동상 꼭대기에 똥을 싼다. 불경스럽기로 말하자면 그놈을 당장 능지처참할 일이다. 나도 불경을 저질고자 공중변소로 달린다. 공중변소 바닥에 갈긴 누군가의 똥,

그 꼭대기에 일을 본다. 비둘기가 그랬듯이 시치미를 뚝 뗀다.

아무데나 똥을 쌀 수 있는 비둘기의 당당함에 그냥 미치지 못한다. 하늘 천 따지 하나 몰라도 비둘기는 당당하게 하늘을 날아다닌다. 움츠리는 법도 없이 모이를 받아먹는다. 오륙도 쯤을 볼 줄도 안다. 제 둥지에 올라앉다가 땅바닥에 내려와 부리를 닦는다. 무슨 천자문을 쓰는 것 같다.

멧새가 며칠 알을 품고 있다. 둥지 속으로 날아드는 바람을 품고 있다. 풀풀 먼지를 터는 건조주의보를 품고 있다.

한 며칠 꽃이 피다가 시들어 버렸다. 품고 있는 알이 궁금하여 오며가며 멧새 둥지 가까이로 가기도 한다. 아직 멀었다고 하는 소리를 듣는다.

아스팔트 바닥에 떨어진 소낙비 방울이 톡톡 탁구공처럼 튕겨 오른다. 땡볕에 잘 굽힌 아스팔트 바닥이 소낙비를 토닥토닥 볶아댄다.

하루는 군것질로 콩을 볶았다. 뜨거운 프라이팬 안에서 톡톡 튀는 콩을 주걱으로 되받아치고 있었다.

소낙비 오는 한낮이었다.

장맛비가 한번 더 언덕을 짓밟고 지나간다. 밟혀야만 쑥쑥 키를 세우던 보리처럼 풀과 나뭇잎이 무럭무럭 크는 소리를 한다. 더 높이 더 멀리 크자면 더 많이 짓밟혀야 한다. 풀과 나뭇잎은 장맛비에 정수리를 겁 없이 쏙 내밀었다. 소낙비에 젖어 소낙비나 되고자 마당에 나섰다.

비+바람, 분분한 날이다. 살만 앙상한 우산이 비를 흘리고 있다. 머리카락으로 어깨로 바짓가랑이로 줄줄 넘겨주고 있다.

살만 앙상한 우산 하나 젖은 바짓가랑이가 무겁게 끌고 간다.

아버지를 묶었다. 팔을 묶고 겨드랑 새로 사타구니 새로 끈을 걸었다. 우리를 낳은 죄, 우리를 키운 죄, 우리를 다독인 질긴 죄 짊어 진 아버지를 땅속 깊은 독방에 모셨다.

아버지의 손자를 낳고 아버지의 손자를 키우고 아버지의 손자를 다독이는 죄 물려받은 나, 저녁엔 두레상에 식솔을 불러 모았다. 밥숟가락에 김치 가닥을 얹었다. 어떤 가닥은 끈이 되어 숟가락의 밥알을 묶었다.

냉동실 속에 전화기가 누워 있다. 하얀 서리를 보청기처럼 귀청에 끼고 있다. 삼겹살 꾸러미 사이에 삼겹살이 되어 있다. 나는 전화기를 끌어낸다. 신호가 오다가 엉켜 버린 흔적이 보인다. 017-75¿-∽☆§#.

삼겹살 전화기를 프라이팬에 올리고 엉켜 버린 번호를 찾아 불을 켠다.

눈물이란 말 속에는 눈물이 고여 있다. 핏물이란 말 속에는 핏물이 고여 있다. 이별이란 말 속에는 이별이 고여 있다. 그리움이란 말 속에는 그리움이 고여 있다. 영원이란 말 속에는 가물가물한 영원이 고여 있다. 옹달샘이 되어 고여 있다.

옹달샘 가에 앉아 한참 흐느끼다가 온다.

지도 속에는 경계선이 보인다. 만지면 터진다는 지뢰꽃이 피어 있다. 지뢰꽃 덩굴이 경계선을 기어오른다. 구름이 지나다가 발을 헛디딘다. 철조망 어디에서 실종된다.

아름다운 폭발, 그런 완충지대를 보고 있다.

도라지꽃 속에 후미진 산길이 있다. 도라지꽃 속에 순수라는 잠언이 있다. 도라지꽃 속에 우주라는 잠언도 있다. 귀를 세우고 도라지꽃 속의 후미진 산길에 접어든다. 잃어버린 어린 날이 도라지꽃이 되어 피어 있다.

도라지꽃으로 엮은 동화 한 편 다시 읽는다.

하늘에 보름달 하나, 금쟁 같다. 세상 환한 금빛이다. 암스트롱이 밟고 지나갔다는 말에 고개 돌리고 싶다. 계수나무 옥토끼나 목쉬도록 노래 부르며 계수나무 그늘에 쉬고 싶다.

밤이 이슥하도록 달과 마주앉았다. 금빛 물감으로 또 다른 달 하나 커다란 붓으로 치고 있다.

새가 제 부리로 바닷물을 찍어 하늘에 옮겨 하늘이 파랗게 물들어 갔다. 새가 또 제 날개로 하늘의 물감을 찍어 퉁기면 무지개 같은 수평선 한 줄 바다를 끼고 일어섰다.

다시 쓰는 창세기 제1장 제1절.

불볕에 타는 모래를 파고 모래의 무덤 속에 드러눕는다. 누운 채 한 세상 지나간다. 불타는 지옥도를 지나간다. 잘 익은 속살을 꿈꾸며 천마총 그림을 그려본다.

삼복 한동안 모래 속이 아득한 천마총이다.

쉰발이란 놈이 허벅지를 타고 섬섬거릴 때 내 몸 어디에서 끈 터지는 소리가 난다. 쉰발이란 놈이 도망하고 있다. 풀밭으로 기어오르는 쉰발이가 있다. 이윽고 풀밭의 끈이 터진다.

저녁새가 아득히 날아가고 있다.

영원이란-, 곰소 앞 개펄의 끈적거리는 썰물 때니라.

바다의 날, 밤엔 바다는 불야성이었다. 불야성을 그리며 시의 날 바다로 갔다. 그러나 시는 불야성이 아니었다. 불빛을 받으면 시는 시屍가 된다고 바다가 타이르는 소리만 불야성을 이루었다. 그 불야성 귀에 담아 왔다.

보세란이 힘겹게 꽃대를 밀어 올리고 있다. 삼 층짜리 대궐을 구상하나 보다. 내가 아직 지어본 적이 없는 집을 보세란이 짓는다.

보세란의 집짓기를 거드느라 물을 길어 준다.

달맞이꽃에 피는 추억 하나 줍는다. 꽃이 하는 대로 뉘를 줍듯 달빛을 줍는다. 마실 앞 바다가 파도를 밀고 온다. 장독대 한쪽 수수깡 마른 잎새에 부려 놓는다. 달맞이꽃을 찾아 바다는 잦은 발자국소리를 토닥거린다. 수수깡에도 기웃거린다. 아무 일도 아닌 듯 바다도 덩달아 달빛을 줍는다.

가을밤 피리 소리, 그 달빛.

새벽마다 그물을 끌어올렸다. 얼기설기한 그물코 새로 빠져나간 바다를 끌어올렸다. 갈대 덤불 속에 중의 끈을 풀었다. 새벽닭이 울기 전에 꼭 세 번, 그물을 조금 더 끌어올리고 간밤의 숙취를 남몰래 털었다.

그물코 새로 꼼지락거리는 바다가 보였다. 새벽닭이 울기 전 꼭 세 번, 세 번이란 말이 그물에 걸렸다. 베드로 베드로 베드로.

달팽이관 마을에서

내 살은 짓물러 물살에 뜯긴다. 내 피도 짓물러 물살에 뜯긴다. 뜯길 것 없을 때까지 다 뜯긴다. 이윽고 뼈로 남은 뼈의 뿌리마저 뜯긴다.

내 살과 뼈를 뜯은 늪이 거머리처럼 우는 소리 듣는다.

닷 되들이 물통이 어깨를 짓누른다. 닷 되들이 만큼 오늘의 운세로 출렁인다. 물이 새면서 옷자락을 뚫고 뒤꿈치를 적신다. 물과 물끼리의 헤어짐을 적시고 풀잎과 돌멩이를 적신다. 물이 되어서 흘러가지 못하는 물이 물을 적신다.

약수터에도 달이 뜬다.

오늘은 어제를 낳고 어제는 추억을 낳고 추억은 역사를 낳고 역사는 교훈을 낳고 교훈은 미래지향이라는 알을 낳는다. 그 알 속에서 꿈꾼다.

추풍령을 지날 때 안개는 가시거리 5미터로 포위해 왔다. 구미에서 왜관까지도 안개포켓이었다. 언제 터질지 모르는 안개포켓의 피막을 다독이며 가만가만 달렸다. 경산휴게소에 차를 세웠다. 주차포켓이라고 이름 지었다.

안개비처럼 면발이 풀린 우동에 젓가락을 찔렀다. 안개는 다시 가시거리 안으로 포위해 왔다. 옆 테이블에서 휴대폰이 계속 따르릉거렸다. 안개의 커다란 숲이 경산휴게소 쪽으로 기울어지는 것을 보고 있었다.

어저껜 낙헌洛軒의 정년퇴임식장에 앉아 있었고, 오늘은 초인超人의 따님 혼례식장에 앉아 있었다.

바위 틈새로 흐르는 계곡 물소리 같은 도란도란한 자리였다.

한 톨 밀알이 썩어 밀알을 맺는다고 말할 때 말은 씨가 되었다. 그래 듣거라. 더 많은 말을 쏟아 땅에 심어라. 말이 양식이 된다는 말, 오늘 우리 잠언으로 적어 두나니.

잎새 한 점 미동도 않는 것이 여름나무이다. 폭서 속에서는 움직이지 않는 것이 여름을 타지 아니하는 길이라며 나무가 은근한 가르침을 준다. 그 나무 아래 가서 하안거夏安居에 귀 세운다.

정중동이며 동중정 한 구절 나뭇잎에 가만 읊조려 본다.

황사바람 분다. 배 깔고 뒤적이는 노래 엉클어진다. 길이 엉클어진다. 엉클어지는 길에 길이 있다. 미처 챙기지 못한 십이간지十二干支가 있다.

달력 속으로 타박타박 신발 끄는 기척이 있다. 그 기척을 미처 알지 못한다. 황사바람이 되어 맴돌다가 슬그머니 사라지고 있다.

한글의 뿌리는 천[○] 지[ㅡ] 인[ㅣ]으로 짜였느니라. 함으로 한글 속에는 하늘이 있고 땅이 있고 사람이 있다.

'하늘을 우러러 한 점 부끄럼이 없기를' 노래한 윤동주, 그 하늘도 있다.

추석 저녁엔 그리운 달을 찾아 하늘에 눈을 준다. 눈이 닿는 곳마다 달이 뜬다. 하늘 가득 치솟아 오르는 달, 그리움은 달이 되어 달처럼 가득하다.

세월이란 그리움으로 충만한 추석 저녁이니라.

팔월 공산에 따뜻한 달이 뜬다. 오동잎 한 자락 달 옆구리를 스치고 간다. 오동잎에 오동잎이 포개 눕는다. 국화와 흑싸리 끗발은 어디 갔나.

멀리 떠난 사람 달 속에 달이 된 팔월 한가위.

하얀 빨래가 빨랫줄에 걸려 있다. 바람에 흔들린다. 들판을 질러온 보리 익는 냄새에 흔들린다. 보리 이랑 너머로 어머니가 보인다. 아지랑이 같은 것이 이랑을 질러가고 베수건 머리에 쓴 어머니, 아지랑이 속에서 흔들린다. 기웃기웃 새가 날아오른다.

마루 시렁에 걸린 베옷 한 벌, 어머니의 땀내 아직 흔들린다.

상수리나무 열매가 떨어졌다. 떨어진 열매를 상수리나무 잎이 묻어 주었다. 그리고 한동안 세월이 지났다. 상수리나무 잎을 헤집고 상수리나무 어린 것이 눈을 뜨고 있었다.

세세불망비歲歲不忘碑를 보고 있었다.

까치밥이 아득하다. 얼고 녹으며 삼동을 이긴 뒤 한 톨 딴딴한 고약이 된다. 십자가에 매달린 예수도 얼고 녹는 고약이다. 등창을 삭이는 찐득찐득한 고약. 그 고약을 맛보러 갔다.

길섶에 신호등이 서 있다. 어제도 서 있었다. 매연을 먹이삼아 매연과 정든 신호등 가까이에 입석 버스가 선다.

입석 안의 승객들이 신호등을 보며 서 있다. 손잡이에 매달려 서 있다. 서 있는 사람끼리 멍하게 서 있다. 어떤 승객은 하품을 한다. 버스 안이 하품으로 지루하다. 신호등에도 지루하다. 입석 몇 대 신호등과 나란히 서 있다. 낙엽을 헤아리는 가로수가 서 있다. 겨울이 오는 소리 듣는 것 같다.

입석 버스 안에 눈을 깜박거리는 그가 서 있다.

말에도 가시가 있다. 어떤 가시는 손가락을 찌른다. 옆구리를 찌른다. 가슴께를 찌른다. 말에도 피멍이 있다. 어떤 피멍은 곪는다. 곪아 터진 뒤 자국을 남긴다. 어떤 자국은 흉터가 된다. 돌이킬 수 없는 아픔이 된다.

아픔에 대하여 우리말 사전을 뒤적거린다.

입관을 끝내고 못을 쳤다. 죽음이란 저승으로 가는 못치는 소리를 듣는 일이다.

수없이 많은 못치기를 했다. 벽에 치고 기둥에 쳤다. 못에 옷가지며 달력을 걸었다. 덧없이 흘려버린 시간을 걸었다.

관에 못을 칠 때 관이 울리는 소리를 들었다. 수없이 많은 세월이 벽에서 기둥에서 울리는 소리를 했다.

두꺼운 볕살이 눈부시게 거실 바닥에 깔려 있다. 볕살이 공단이불이다. 팔베개하고 눕는다.

살아온 세상 다 아득하다.

사과를 깨무는 네 입술에 사각사각 소리의 사각四角이 핀다. 앵두 같은 입술이 아닌 홍옥 같은 입술이다. 식상한 비유지만 그렇다. 사과를 깨무는 네 입술에 사과밭 바람이 부드럽다. 사과 익는 바람이다. 나는 너에게 너는 나에게 번지는 사운대는 바람이다.

사과 한 알 네 입술에 제일 달큰한 꽃꽃이한다.

소리가 아닌 것이, 빛이 아닌 것이 가물거린다. 눈짓 같은 것, 손짓 같은 것이 아지랑이 속잎처럼 가물거린다. 눈짓과 손짓이 세상 살아가는 중심이 되었다는 말 들리는 듯하다.

미루나무 중심과 작별을 한다. 강물에 목이 잠긴 갈대밭 중심과도 작별을 한다. 내일 할 작별을 오늘 한다.

아득한 강변 마을 끝에서.

트레일러 꽁무니에 매달린 개미 떼 같은 승용차와 승용차가 엉켜 길을 덮쳤다. 건널목 저쪽에서 내 어린 날이 봄 아지랑이처럼 요요 손짓을 한다. 트레일러가 커다랗게 길을 막고 매연이 덩달아 안개를 터뜨린다. 가지 못하는 길에서 아쉽지만 건널목 저쪽의 아지랑이를 보고 있다.

늑대가 지나간 길에는 늑대의 구린내가 깔려 있다. 새앙쥐가 지나간 길에는 새앙쥐의 구린내가 깔려 있다. 살쾡이가 지나간 길에는 살쾡이의 구린내가 깔려 있다. 박쥐 떼가 지나간 길에는 박쥐 떼가 싸지른 구린내가 깔려 있다.

돈이 지나간 길에는 돈 구린내가 깔려 있다. 돈이 늑대가 되고 생쥐가 되고 살쾡이가 되고 박쥐 떼가 된다는 말이 돌았다. 돈이 원수라는 말도 끝내 돌았다.

나뭇잎은 떨어질 줄을 안다. 떨어지면서 푸른 하늘에 손 흔들 줄을 안다. 나뭇잎은 안다. 떨어질 줄 모르고 끝까지 나무를 성가시게 구는 진드기를 안다. 나무의 진드기. 세상 살면서 걸어온 길이 진드기가 아니었나 되돌아본다. 나무가 스승이다.

퇴비간의 퇴비가 김을 피워 올린다. 퇴비도 신열을 앓는 것 같다. 신열, 그것은 뜸 드는 일이다. 뜸이 들고 퇴비는 논밭으로 간다. '꽃잎 따다 사뿐히 뿌리우리다'의 꽃잎이 된다. 퇴비의 산화가散花歌.

뜸이 든 것은 산화하는 꽃잎이 된다.

밤새 풀잎이 싸지른 풀잎의 오줌과 나무가 싸지른 나무의 분비물이 땅속에서 잘 삭아 약수가 되었다. 약수 한 모금 벌컥거리고 풀잎에 고개 숙이고 나무에 고개 숙인다. 약수 밑씻개만큼도 못하게 살아온 지난 세월에 죄송하다. 풀잎에 죄송하고 나무에 죄송하다.

구름을 먹은 산

저무는 노을

그림을 한 동안 그리지 않았다. 그리지 않는 그림은 내 안에 들어와 내 안에 날마다 물감을 친다. 날마다 나는 내 안의 물감에 골몰한다. 저무는 노을에 골몰한다. 그리지 않는 그림이 나를 그린다.

뉴스

발걸음에 가시덤불이 밟혔다. 발걸음에 낭떠러지가 밟혔다. 발걸음에 어스레한 달빛이 밟혔다. 발걸음에 울퉁불퉁 돌너덜이 밟혔다. 발걸음에 오래된 뼈가 밟혔다. 밟혀야 다시 사는 보리밭을 밟았다.

어제 오늘

프라이팬에 기름을 치다가 요리책을 본다. 슬금슬금 꿈틀거리는 고깃덩이를 만지다가 요리책을 본다. 튀김고기를 뒤집어야 하나 말아야 하나 요리책을 본다.

또 다른 뉴스

보이지 않던 낡은 시간이 입질을 한다. 보이지 않던 시간과 보이는 미끼 사이 기침소리 같은 시간이 저물어 간다. 어디서 바람이 손사래를 친다. 어제 본 골목 담쟁이넝쿨이 돌담에 기댄 채 눈을 끔벅거린다. 보이지 않던 시간은 보이지 않던 입소문의 미끼를 문다.

쇠못 하나는

쇠못 하나는 바닥에 꽂히다가 허리 꺾여 삭은 쇠못이 된다.

쇠못 하나는 벽에 꽂히다가 떨어져 뒹구는 쇠못이 된다. 쇠못 하나는 천정에 꽂히다가 엉거주춤 날개 망가진 쇠못이 된다. 쇠못 하나는 허공에 꽂히다가 허공 작살에 찍혀 피 흘리는 쇠못이 된다.

낙동강 둔치

흘러가는 미끼는 흘러간 미끼를 찾아 자맥질한다. 흘러가는 시간도 흘러간 시간을 찾아 자맥질한다. 오래 된 깃발은 펄럭이지 않는다. 물속에 잠긴 어떤 미끼는 더 깊은 물속으로 자맥질한다. 확실한 시간과 불확실한 시간을 자맥질한다.

실루엣

엉거주춤한 물살은 미끼를 물고 뒤뚱거린다. 미끼의 갈피 한쪽이 기울어진다. 알 듯 모를 듯 깊어가는 강심江心, 슬그머니 꽁무니를 빼는 강 한쪽 기슭은 미끼와 낚시 사이에 앉아 무슨 그림인가를 그리고 있다.

미용실, 오후

곱슬머리 여자가 붉은 손톱으로 귀를 우빈다. 손톱으로 낚는 귀지, 그 옆의 여자는 손톱을 깎는다. 깎는지 쓰다듬는지 분명치 않다. 늦은 햇빛이 곱슬머리 등 뒤에서 노란 곱슬머리를 빗질하고 있다.

밤늦은 지하전철

맞은편 자리의 나 아닌 나는, 감은 눈꺼풀 속에 잠이 깊은 나는, 몇 번의 안내방송에도 고개 돌리며 등 뒤척이는 나는, 코 훌쩍거리는 나는, 입 쩝쩝거리는 나는, 너무 깊어서 닿지 않는 잠의 바다인 나는―,

섬

파도와 놀며 파도에 길든 강태공, 그가 섬이다.

꼬리 긴 바람

길을 따라 꼬리 긴 바람이 가고 있다. 꼬리에 매달린 바람의 미끼에 세월이 흘려간다. 이쪽으로 흘리는 넋두리와 저쪽으로 흘리는 넋두리 사이 세월은 없고 미끼만 있다. 길을 따라 꼬리 긴 바람만 있다.

작은 꽃

바위와 바위 틈새에 핀 작은 꽃을 보았다. 한동안 눈으로 꽃을 물고 놓지 않았다. 아니 꽃에 물린 나를 꽃이 놓아주지 않았다. 꽃을 물기 위해 산을 타고 꽃에 물리기 위해 산을 탄다. 이쪽 봉우리가 나를 쑤군거리고 저쪽 봉우리가 나를 쑤군거린다.

이 풍진 세상에

귀를 세울 곳이 어디 있나. 눈을 둘 곳이 어디 있나. 입을 떠벌릴 곳이 어디 있나. 코를 벌름거릴 곳이 어디 있나. 듣지 못하고 보지 못하고 말하지 못하고 숨 쉬지 못하는 시간, 손발 다 묶이고 허리도 거덜 나고 몸을 가두는 진퇴양난의 시간, 어디서 폭설이 길을 막고 아득하게 침몰하는 소리가 있다.

겨울저녁의 엽서

화살 하나 날아간다. 허공을 가로지른 적막한 절명시絕命詩 한 줄, 입 다문 세상에 닫힌 이야기. 눈보라 속으로 눈보라에 묻힌 절대침묵이 날아간다.

별똥별

꽃대는 슬그머니 낚싯대가 된다. 강물을 지나 늪을 지나 조금 전의 낚싯대가 조금 전의 개똥벌레가 된다. 누가 별똥별을 개똥벌레라 한다. 마른하늘의 천둥번개 같은 미끼라 한다.

아침뉴스

무릎 껴안고 기침을 가두며 쭈그린다. 기침에 놀란 신문 속 활자들이 행간 어디로 몸을 감춘다. 전화기도 어쩌다 기침을 한다. 신문 속 소식들이 신문지 틈새로 몸을 감춘다.

암각화

발목에 매달린 풀무치와 저무는 산길을 본다. 등 굽은 나무와 비탈진 능선과 어두운 구름을 본다. 들리다가 들리지 않는 감감한 물소리를 본다. 물소리에 숨은 물소리를 본다.

시를 위한 사물놀이

벽을 보고 있을 때 벽을 앓는다. 꽃을 앓는다. 시를 앓는다. 벽이 뭉그러진다. 꽃이 뭉그러진다. 시가 뭉그러진다. 뭉그러진 벽과 꽃과 시는 썩어 추깃물이 된다. 나는 북을 친다.

들꽃은 덧없이 시들고 있었다. 캄캄한 낭떠러지 끝에 바람은 오지 않고 혼자 시드는 들꽃 위로 나뭇잎이 몇 개씩 내려앉았다. 개울물 속에도 시름시름 내려앉았다. 구름도 아니고 잡새 울음도 아닌 것이 잠기는 듯했다. 계절이 지나가는 하늘을 보았다.

윤동주를 읽었다.

가을비에 나뭇잎이 추적추적 떨어지고 있다. 누룩도 아니면서 누렇게 뜬 얼굴 하나 거울 속에 있다. 거울 속에 오는 비는 거울 속으로 간다. 마른 얼굴에 떨어지는 소리를 한다. 떨어져 차곡차곡 쌓이는 누룩이 된다.

밀알이란 말 누룩에 있다.

아카시아 꽃 속으로 아카시아 향내를 찾아 걷는다. 꿀벌이 잉잉거리듯 덩달아 잉잉거리고 싶다. 매화가 지고 벚꽃이 지고, 소나무는 한 뼘이나 넉넉한 기지개를 켜고 있다. 시간이 오가는 길이 피는 꽃과 지는 꽃 사이에 있다. 기지개와 기지개 사이에 있다.

소나무 등걸은 소나무의 공책이다. 바람이 오면 바람을 받아 적고 눈비 몰아치면 눈비를 받아 적었다. 갑골문자로 받아 적었다. 뼈를 우비는 바람에 꼿꼿하게 버티고 선 푸른 심지를 뽑아 적었다.

갑골문자로 적은 구절을 더듬으며 소나무 등걸에 기대선다.

뒷산이 누렇게 뜸 들이는 소리에 바람 불겠네. 상수리 열매

떨어지는 소리에도 바람 불겠네. 얼굴도 설고 이름도 선 외딴 바람이 와서 계절은 이렇게 오고 간다며 귀엣말 하겠네. 갑골 문자 같은 것, 결승문자 같은 것 새기고 가겠네. 그 글귀 찾아 칡넝쿨 헤치며 길 더듬거리겠네.

북한산의 가을을 보러 가는 길에 되돌아 왔다. 북한산이 숨 쉬는 소리만 멀리서 듣고 왔다. 돌아와 숨소리를 그리는 내 마음에 북한산은 잘 익은 가을을 이고 나를 유혹했다.

산자락 끝에는 산그늘이 돌고 산그늘 속으로 내가 가고 있다. 산그늘이 가고 있다. 억새꽃이 가고 있다. 들국화는 없고 억새꽃 너머로 옛날이 가고 있다. 아득히 놓쳐버린 옛날 속으로 키가 훤칠한 억새가 핀다. 작년에 왔던 각설이 타령 듣는다. 어느새 각설이 꽹과리는 없고 억새꽃도 없고 옛날의 산그늘만 덤불 헤치며 가고 있다.

새벽 범종소리는 산을 넘는다. 물을 건너간다. 마을을 돈다. 소리를 찾아 이불을 걷어찬다. 이불 속에 젖은 종소리를 찾는다. 범종소리에 잠을 깬 산새가 있다.

시베리아를 질러가는 범종소리도 있다. 얼음강바닥에 귀를 싸매고 바람의 썰매를 타고 가고 있다. 눈보라 속에도 가고 있다. 가고 있는 싸락눈을 멀리 본다.

전등불과 나 사이에 책이 있다. 책과 나 사이에 전등불이 있다. 전등불과 책 사이에 내가 있다.

전등불과 나는 책에게, 책과 나는 전등불에게, 전등불과 책은 나에게 서로 시샘을 하는 삼각관계다. 서로 눈치 보다가 전등불은 이윽고 스위치를 껐다. 책도 갈피를 닫아 버렸다. 나는 이불을 쓰고 모로 드러누웠다. 자정 지난, 한 시에서 두 시 사이 토라진 숨소리가 들리고 있었다.

갈잎 속에는 갈잎만이 해독하는 소리가 있다. 겨울이 온다고 수군대는 수상한 암호가 있다. 갈잎 속에는 갈잎을 스치고 가는 말굽소리가 있다. 말굽 속에 뜬 갈잎 하나 물고 구름이 가고 있다.

시월의 표정이 흔들리고 있다.

삐 소리가 나면 메시지를 남겨 주세요. 말할까 말까 망설이며 숨쉬는 소리를 남겨 놓았다. 숨쉬는 소리 읽으라고 남겨 놓았다. 망설임을 읽으라고 남겨 놓았다. 숨소리와 망설임 사이를 읽으라고 남겨 놓았다.

허겁지겁 살아온 세월이 삐, 소리를 하고 있었다.

책상 하나 들여놓고 마주 앉는다. 책상이 삐걱대는 소리 듣는다. 낯선 곳이라고, 몸을 좀 추슬러야한다고 말하는 소리 듣는다.

이사를 하고 집 어디에선가 뚝 하는 소리에 귀를 세웠다. 새 주인을 맞이하는 중이라고, 따라온 세간이 제 몸을 추스르는 중이라고, 낯선 것은 그렇게 추스르는 법이라고, 말하는 소리 듣는다.

울두목은 진도 바다에 있다. 몸살 앓는 소용돌이로 바다를 제 아랫배 속으로 빨아들인 뒤 내쉰다. 숨쉬는 소리, 울부짖는 소리로 산다.

천체의 블랙 · 홀도 숨쉬는 소리를 한다. 썰물 밀물의 소리를 한다. 바다를 빨아들이는 울두목이다. 우주를 호흡하는 블랙 · 홀은 진도 바다에 있다.

등때기 얼얼하게 두들겨 맞고 등때기 얼얼하게 패주고 싶다고 떨어지는 폭포는 아우성이다. 고막 틀어막은 막무가내다. 숨 한번 제대로 가누지 못하고 폭포 아래 엎드린 바윗돌, 장작이 되고 싶은 납작하게 엎드린 고집불통을 본다.

어머니의 숨길을 옥죄는 기침 끓어오를 때, 아직 터지지는 않고 목구멍 속에서 가르랑거리고 있을 때, 우리집 안방의 기름등잔 애터지게 찍찍 끓고 있을 때, 숨찬 어머니 밤잠 설치며 요강 끌어안고 가래 덩어리 내뱉고 있을 때, 아직 기침은 터지지 않고 전쟁이 터졌다고 수런거리는 소리 골목에서 골목으로 사라지고 있을 때, 바람이 마루 끝을 쓸고 있을 때, 별빛이 가물가물 추녀 끝에 걸려 있을 때,

마을 밖 외딴 집에서 뜬소문처럼 호롱불 깜박이고 있을 때.

내 몸이 실과 바늘이 되어 그대 몸의 터진 실핏줄을 꿰매고 싶다.

가스레인지에 주전자를 올리고 뒷산과 마주 앉는다. 뒷산 으능나무가 잎을 놓치고 있다. 놓쳐버리는 잎과 움켜쥔 잎의

팔자소관을 생각한다. 열 받쳐 푹푹 끓는 주전자의 가쁜 숨소리를 생각한다. 한두 번 갈갈한 기침을 삼키는 사이에도 으능잎은 조금씩 나무와 멀어지고 주전자는 열나게 숨이 가쁘다.

주전자의 열을 찻잔에 식혔다.

한낮 주차장에 쉬고 있는 승용차 위에서 햇빛이 통통 공기놀이를 한다. 빨간 차는 빨간 공기를, 파란 차는 파란 공기를, 노란 차는 노란 공기를, 하얀 차는 하얀 공기를 공중으로 퉁기고 햇빛이 그걸 받아 또 퉁긴다.

사람도 햇빛에 쉬는 동안 사람의 정수리에서 공기놀이 하는 햇빛이 있다. 그 햇빛의 공기놀이에 끼어들지 못하고 승용차 위에서 통통 튀고 있는 공기나 본다.

뻔질나게 잘 자란 나무들 틈에 끼여 미처 따라가지 못하는 가슴뼈 앙상한 잡목 한 그루 서 있었다.

끈은 끈끼리 어울려야 산다는 말 잡목 그루에서 들리는 듯했다. 한참 귀 기울이다가 돌아왔다. 아무 것에도 어울리지 못하는 내가 잡목 그루가 되어 먼 해거름에 기울고 있었다.

귀가 떨어진 화분은 세상 이야기 눈으로 듣네. 화분에 올라앉은 바람은 까딱거리다가 헤프게 눈웃음치네. 게거품처럼 너덜거리는 비닐 날갯짓이 장타령을 추는 동안 또 다른 바람이 화분에 올라앉네.

가지를 깊이 친 분재목 한 그루 책상에 올려놓고 팔짱 끼고 멀리 눈을 감던 때도 있었다. 감은 눈 밖으로 주렁주렁 아픈 바람이 날아가고 바람의 망사를 뚫고 새가 날아갔다. 의자 깊숙이 몸을 묻었다. 가늘게 이파리를 떨고 있는 달력 속의 나무는 몸살기가 있다고 하는 것 같다.

전지가위란 놈이 나무 옆구리로 파고들 때 뻣뻣하던 나무는 몸을 웅크렸다. 고개를 숙이고 자벌레처럼 몸을 돌돌 말더니 죽은 시늉하면서 눈을 감았다. 머리가 잘리고 팔이 잘리고 하는 사이 토르소 어쩌고 이름 불러주는 소란에 나무는 다시 토르소로 자라는 안간힘을 썼다.

눈석임물은 그랬다. 배밀이를 하며 도리질하며 그랬다. 티슈를 뽑아 눈석임물이나 닦고 있었다. 황사 같은, 꽃샘 감기

몸살이 떠돌아다닌다고 목이 따갑다고, 꽃은 피다가 시들었다.

밀레의 그림에는 묵상하는 따뜻함이 있다. 샤갈의 그림에는 겨드랑이에 날개를 달고 날아가는 꿈이 있다. 흔히 천사라고 한다. 에스컬레이터를 타고 위층으로 가는데 밀레가 나와서 뭐라고 하고 샤갈이 나와서 뭐라고 한다. 천사의 목소리가 들리는 이층과 삼층 사이 에스컬레이터를 탄 사람들은 전시장 막간으로 이동 중이다.

어디서 징소리가 징징 어둠에 소리의 결을 풀어낸다. 담쟁이 넝쿨은 담쟁이 넝쿨 같은 생각을 하며 간다. 민들에 꽃망울은 민들레 불을 켜는 초저녁이다. 안개초 꽃무더기는 어디서 안개 같은 옷자락 나부끼며 오고 있을라. 길을 나서는 개똥밭 씀바귀며 질경이 풀 또한 어둠 두들이며 어둠에 더듬더듬 길을 트겠다. 살아 있다고 기척을 한다. 그 소리 안에서 소리가 저문다.

흐린 티브이 화면의 채널을 돌리며 며칠째 계속되는 황사현상에 골몰했다. 사막을 타고 넘는 낙타 행렬이 화면 멀리서 떠올랐다. 물 대신 모래나 한 모금 삼킨 낙타는 긴 목을 도리질

했다. 마술처럼 낙타가 모래 속으로 가고 있다. 움푹 패인 발자국마다 소금 같은 햇빛이 낙타 발자국의 흔적이 되고 있다. 그 흔적 움이 트는 자리에 또 다른 낙타 행렬이 낙타의 흔적을 남기고 간다.

부엌 아궁이 같은 모자 눌러 쓴 저녁 어스름, 탁발하러 간다.

언어의 샘은 마르지 않는다. 언어의 몸은 상처받지 않는다. 퍼낼수록 더 푸르게 잠기는 하늘이 있다. 퍼낼수록 더 깊이 눈부신 보석 같은 별이 된다. 총칼이 마구잡이로 언어의 이마에 피 흘리게 하고 더러운 구둣발에 언어의 정강이를 걷어차인 서른여섯 해 시절이 있기는 하다. 언어는 그러나 몸을 움츠리지 않았다. 덤비는 자에게 당당한 맨주먹으로 저항하였다. 그런 힘, 그런 빛으로 더욱 그윽하여 언어는 보다 향기로웠고 투명하였고 아름다웠다.

씨앗은 씨앗에게 날개를 달아준다. 날아가는 씨앗에게 중얼거린다. 어떤 씨앗은 나무가 되고 어떤 씨앗은 풀덤불이 되라고 주문을 보낸다. 어떤 씨앗은 꽃이 되고 어떤 씨앗은 바람이 되라고 비손 올린다. 구름까지 올라간 씨앗은 지상을 적시는 비가 된다.

꽃잎을 깨문다. 그 옛날 상처 꽃잎에 걸린다. 꽃잎이 그물이다. 달빛과 별빛도 걸린다. 언덕 위의 원두막 같은 억새풀과 새 소리가 피리를 뜯는다. 늦은 저녁의 동화, 꽃망울 깊은 데서 움트고 있다. 억새풀과 새 소리로 배부른 애벌레가 동화를 듣고 있다. 꽃잎이 되기 위해 몸 바꾼 애벌레의 허울에 바람이 일고 억새꽃이 안개처럼 풀풀 난다.

돌림병은 예고 없었다. 어느 돌림병이 어느 돌림병인지 흙탕물처럼 옷자락을 지근지근 휘감았다. 손톱 발톱 뾰족하게 잘 다듬은 돌림병도 있었다. 어느 돌림병은 요 근래 유행한 탄저병이란 세균을 몸에 둘렀다.

목안을 이간질하는 포도주를 천천히 따랐다. 입술 가만히 적시며 스타카토, 소스를 조금 더 얹어야 하나 말아야 하나, 서구풍으로 후추와 소금으로 간을 친 스테이크, 탄수화물과 칼슘과 단백질과 포만을 눌러 앉히고 미간에 조금 점잔을 담은 서구풍으로 입술을 문질렀다.

사십 계단 아래 빗소리처럼 사십계단기념비四十階段記念碑의 〈경상도아가씨〉를 웅얼거린다. 서울 가는 십이 열차 소리도 들리지 않는 사십 계단 아래 웅크리고 선다. 비가 와서 우산으로 비를 가리며 아무것도 가릴 것 없던 시절 생각한다. 동광동과 중앙동 사이 기침 덩어리처럼 터져 나온 검은 돌 끌어안고 경상도 아가씨가 어디서 운다.

국어를 갈고 닦고 역사도 갈고 닦고 또 닦았는데 미처 마음 쓰지 못한 것이 목구멍에 걸린다. 대보름 지나고 사흘인지 나흘인지 막막하다. 달도 가는 길 닦느라 문 닫아 걸었다. 참선중이라고 빗장 질렀다. 바람이 깊다.

눈발 속에서 흰 상여 요령 소리가 지나간다. 상여에 앉은 눈은 상두꾼 두건에도 앉다가 떨어진다. 레일 건널목이 눈발에 젖고 상두꾼 앞소리에 또 젖는다. 하얗게 흔들리는 요령 소리를 눈발이 하얗게 추임새를 먹인다. 요령 소리에 떠밀린 눈발 상여를 앞세우고 마을은 예전처럼 저물어 간다.

오동나무가 쓰러진 자리에 오동나무 새끼들이 죽은 어미젖 물고 옹알거린다. 버드나무가 쓰러진 자리에 버드나무 새끼들이 죽은 어미젖 물고 옹알거린다. 살 뭉그러진 어미 등을 타고 갓 태어난 새끼들 엉금엉금 기어오른다. 동네 꼬맹이들 가오리연 연거푸 날린다. 멀리 가는 연을 타고 오동나무 탯줄 가다가 끊어지고, 버드나무 탯줄 가다가 끊어진다.

절망은 수시로 주머니 속에 있다. 책상 모서리에 있다. 읽다가 접어둔 책갈피에 있다. 볼펜으로 대충대충 써내려 간 메모에 있다. 아직 별은 뜨지 않았다. 절망과 메모지 사이, 날이 저물자 날이 들었다. 불꽃놀이 꽃불은 방금 국화 몇 송이 하늘에 띄웠다.

가오리 회무침

깍두기 써는 도마 소리에 깍둑깍둑 장단 맞추듯 달이 뜬다. 호롱불에 둘러앉은 식구들 머리 위로 간들거리는 호롱불도 달을 닮아 달처럼 뜬다. 광안대교 불빛은 방금 색동저고리를 갈아입는다. 검은 고양이 밥상머리에서 뽀스락거리는 기척을 한다.

간이 우체국은 며칠째 침묵중이다. 침묵을 대변하는 방을 붙였다. 마트 건립을 반대하는 노점상들은 길거리에 잡풀처럼 퍼대고 앉아 피켓을 머리 위로 밀어 올린다. 혈서를 쓰듯 붉은 띠 이마에 걸었다. 확성기 소리를 따라 피켓은 풍선처럼 뜨다가 내려앉고, 내 편지 피켓도 슬그머니 붉은 띠 뒷자리에 뜨다가 내려앉고.

벽에 등을 기대었다. 매캐한 화약 냄새가 터질 때마다 삭은 마룻바닥은 내려앉았다. 골목 끝으로 터덕터덕 신발소리가 사라지곤 했다. 신발을 좇아 바람은 오다가 되돌아갔다. 이마의 피를 문질렀다. 화약 냄새를 문질렀다. 까마득히 떨어져 가는 나를 문질렀다. 사일구 그때.

풍선은 혼자만 높이 떴다고 우쭐대지 않는다. 대단지 아파트 분양이라는 토를 꼬랑지처럼 매달기는 했다. 크고 감당 못할 바람에 부대껴 이따금 동쪽으로 삐끗 몸 꺾이거나 서쪽으로 전후 좌우 후크를 찔리기도 한다. 구름이 날아가다가 웬 풍선이냐 한다. 쉬어갈까 어쩔까 주춤거린다. 입 다문 채 늘어트린 꼬랑지로 가만히 중심을 잡는 풍선은 몽구스처럼 눈치 빠르게 공중에 떴다. 비행선이 떴다.

바다는 비늘을 털고 있었다. 붕새보다 더 큰 꼬리지느러미를 너울거렸다. 대숲을 쓸고 가던 바람이었다. 문고리에 얼어붙던 맷돌 돌아가는 바람이었다. 어머니가 밀가루를 치고 있었다. 방석에 쑤군쑤군 눈발이 쌓이고 설설 끓어오르는 가마솥을 어머니가 주걱으로 휘젓고 있었다. 가마솥의 바다를 건너 붕새가 된 어머니 훨훨 오고 있었다. 동동 뜨는 수제비 같은 섬을 돌아,

상차림소리 달그락거리는 어머니의 저녁이 오고 있었다.

놀이터에도 그네가 있다. 숲으로 가는 길목 그네에 앉아 흔들거리는 바람이 있다. 새는 그네를 비껴간다. 이쪽 숲에서 저쪽 숲으로 날아간 새를 묻지 않는다. 새는 새끼리 바람에 흔들리는 시늉을 한다. 바람은 모래 바닥에 묻힌 햇빛을 파헤친다. 어떤 바람은 숲에 기대어 둥지를 기웃거린다.

다리 위 다리는 다리 아래 다리 먼눈파는 것 궁금해 한다. 다리 아래 다리는 다리 위 다리 먼눈파는 것 궁금해 한다. 서로 한 또래인 광안대교, 다리 위 다리는 다리 위 길놀이를 풀어놓는다. 다리 아래 다리는 다리 아래 길놀이를 풀어놓는다. 다리 위 다리는 하늘을 듣고 다리 아래 다리는 바다를 듣는다. 밤엔 일곱 빛 무지개를 아치처럼 걸어 둔다.

일곱 개의 풍금이 계단을 올라가고 있다. 맨 아래 풍금이 도라고 외친다. 그 위의 풍금은 레라고 외친다. 그 위의 풍금은 미라고 외친다. 그 위의 풍금은 파라고 외친다. 그 위의 풍금은 솔이라고 외친다. 그 위의 풍금은 라라고 외친다. 그 위의 풍금은 시라고 외친다. 틈을 노리고 있던 맨 아래 풍금이 후딱 뛰어 오르며 도라고 한 번 더 외친다. 일곱 개의 풍금이 발을 옮길 때마다 질경질경 끌리는 달빛 소리 들린다. 계단이 음표다.

낮에 본 칸나는 칸나에게로 가고 낮에 본 잠자리도 잠자리에게로 가고, 바람이 서늘하다고 어둠은 어둠끼리 맞장구 치러 갔다. 알을 벤 벼이삭은 어둠 속에서 몸을 풀었다. 풀벌레 울음도 몸을 풀었다. 어둠의 문을 따고 수상한 애드벌룬과 바람도 몸을 풀 자리를 찾아 두리번거렸다. 쪽마루 어디에 여름은 가을을 몰래 풀었다.

가시에 찔리는 날이 많았다. 종기를 따면서 그랬다. 생선을 발라 먹어도 그랬다. 찔리지 않고는 파닥거릴 수 없는 미지근한 세상, 박쥐처럼 날개를 퍼덕거렸다. 귀를 막고 엎드렸다. 찔린 상처를 쓰다듬었다. 상처의 길을 따라 옛날의 먼 불빛을 보았다.

매미채를 어깨에 멘 아이들은 윗도리를 벗는다. 매미허울 같은 등껍질에서 매미가 기어 나온다. 백사장을 지나간 아이들은 백사장이 매미다. 쌍끌이 어망처럼 백사장을 훑는다. 탱자나무 그림자에 걸린 동해 남부선 열차 소리를 훑는다. 찌르고 찔린 탱자나무 가시를 밟고 땡볕에 데인 듯 열차는 화들짝 소리 지른다. 아이들은 여전히 매미채를 흔든다. 깃발처럼 땡볕에 익은 기차 소리를 흔든다. 능구렁이 같은 기차 산자락 끝에서 똬리를 튼다.

밥숟가락 입에 넣고 골목을 달리는 돌개바람을 본다. 막다른 골목에서 바람은 빙그르르 머뭇거린다. 무섭다고 움츠리는 13인의 이상李箱처럼 햇발은 돌담 발치로 몸 감춘다. 전봇대를 끼고 도는 햇발도 있다. 수숫대 서걱거리는 소리가 난다.

거무스레한 해거름과 놀았다. 들판에서 조금 더 마을 쪽으로 마을에서 조금 더 산자락 쪽으로 부질없는 배경이 되어 어정대곤 했다. 산자락에서 마을로 마을에서 들판으로 들판에서 또 어디로 발 뻗는 해거름은 발 뻗을 곳 없는 내 해거름을 옭아매곤 했다. 이윽고 나 밖의 해거름이 나 안의 해거름을 짓밟고 지나갔다.

낡은 바람 소리와 낡은 달구지 소리와 삐거덕거리는 정지문 소리 듣는다. 오다가 돌아가는 풀무질과 도리깨질에 귀 세운다. 담장이 넝쿨을 따라가면 밥집이 나온다. 슬슬 끓어오르는 국밥 한 그릇 비우고 트림을 한다. 배 쓰다듬는다.

가오리회무침과 가오리찜은 가오리를 환하게 한다. 쇠꼬리 곰탕과 쇠머리 수육은 소를 환하게 한다. 참새구이와 소주 한 잔은 참새를 더욱 더 환하게 한다.

책 속에는 달이 없는데, 달을 기다리며 놀아본 적도 없는데, 흐르는 계곡에 귀를 댄 적도 없는데, 달맞이꽃 혼자 책 속에 떠오르는 달무리를 기다렸다. 행간에 숨은 계곡 물소리를 기다렸다. 졸음에 걸린 나를 물소리가 찔러댄다. 물소리와 요즘은 낯이 익었다. 물소리에 매달린다. 새가 된 구름이 나를 보고 있다.

벽화를 그렸다. 뇌와 내장을 끄집어낸 미라, 텅 빈 울림을 그렸다. 실은 아무것도 그리지 않았다. 붕대로 칭칭 감은 동체를 그리지 않았다. 그리지 않은 벽화 한 장면 검은 벽의 내장을 뚫고 먼 우레 소리로 오고 있었다.

황사구름 같은 마을이 일렁이고 있었다. 눈에 잡히지 않고 손에도 물론 잡히지는 않았다. 책을 들추면 책 속에 가물가물 행간을 흔들었다. 가마득히 손사래를 쳤다. 황사 돌림병이 도지는 듯했다. 어떤 날은 고개를 절절 옆으로 흔들었다. 나는 아무것도 흔들지 않았다.

해가 기우는데 서쪽 마을에는 저녁놀이 없다. 놀 없는 마을이 해거름에 잠긴다. 지붕 끝에도 잠긴다. 갈가마귀 떼들이 없는 저녁놀을 뜯어먹고 있다. 숲길에 깔린 숲의 해거름을 뜯어먹고 기우는 해를 가만 보고 있다.

입술은 돌이 되었다

돌멩이에 찍힌 입술은 돌이 되었다. 유리 조각에 베인 입술은 투명한 유리가 되었다. 칼날에 깎인 입술은 새파랗게 날이 선 칼이 되었다. 단단한 못이 되어 살 속으로 파고드는 노래를 들었다.

부스스 몸을 터는 댓잎 속에 잠긴 댓잎의 눈송이를 보고 있었다. 창문 문틈으로 고개 내미는 섬뜩하게 살 베인 싸늘한 그림자 하나, 눈 그친 담을 뛰어넘는 달의 발자국소리를 보고 있었다.

댕기머리 같은 풍선을 공중에 띄웠다. 핑크빛 솟대라고 이름 지었다. 흐트러진 구름 저쪽 〈활짝 핀 핑크빛 복숭아 나무〉에 걸린 바람벽이라고도 이름 지었다. 핑크빛 복숭나무 아래 살래살래 몸 흔드는 붉은 야시 꼬랑지를 보았다.

— 〈활짝 핀 핑크빛 복숭나무〉/Vincent van Gogh의 그림, 1888년.

첨부 파일 속에 녹는 아이스크림, 접시에 올린 장미꽃과 꽃을 이고 날아오르는 음표를 보았다. 슈퍼에서 구입한 파뿌리에 매달린 겨울 숲 같은 바코드를 보았다. 징검다리 연휴 끝나고.

하늬바람에 밥 말아 먹고 저녁놀 본다.

산자락 아래 나무들은 어디로 떠날 채비를 서둔다. 제일 앞의 나무가 하나, 그 다음 나무가 둘, 또 그 다음 나무가 셋하고 머릿수 점검처럼 번호 붙이기를 한다. 고개를 뒤로 돌리는 나무도 있다. 산을 잠재우러 가는 기척이다. 어느새 저무는 어스름 속에 떠나는 손 흔들고 있다.

생각이 짧으면 발이 고단하다. 짧은 생각으로 살아온 이력이 떠올랐다. 초승달을 보았다. 짧은 생각 같은 초승달을 보듬었다. 서로 쓰다듬었다. 달과 동행이 된 나 고단한 발에 밑줄을 쳤다. 어스름길이라고 짧은 생각이라고 그냥 사는 거라고 짧은 생각은 짧은 생각끼리 그냥 그랬다.

폐가의 곰팡이는 아랫목과 벽지가 양식이다. 바람이 헐고 간 서까래와 지붕 사이 독버섯이 양식이다. 거미줄과 거미줄, 마루판과 부엌 사이 어둠에 찌든 아궁이가 양식이다. 잡풀더미와 나팔꽃, 개진 그릇 사이 반딧불에 날아가는 어둠이 양식이다. 어둠을 다 먹고 배가 부른 곰팡이는 곰팡이끼리 살아갈 세상이 양식이다.

평상에 누워 바라보는 하늘에 별이 떴다. 별을 보라고 저녁마당에 평상이 깔린다. 국자를 닮은 북두칠성에 눈 돌린다.

밤마다 초롱초롱 국 끓이는 하늘에 아, 입 벌린다.

밤낚시를 하는 꾼들이 칸델라 불도 없이 바다를 보고 있다. 아침에 보던 바다를 캄캄한 저녁에도 보고 있다. 어둠에 길이 있다고 바다만 보고 있다.

납작하게 으깨진 모기는 손바닥의 생명선에 걸려 있다. 생명이 되지 못한 망가진 주검을 수지로 염殮한다.

미처 삭이지 못한 몸속의 피, 몸에 남아 있는 내 피를 염한다.

땡볕에 시달리던 나뭇잎도 잠이 들었다. 낮 동안의 먼지와 소란을 떠나 나뭇잎은 조용하다. 어디서 촛불시위대가 거리를 휩쓸어도 나뭇잎은 나뭇잎이다.

한 시절을 건너가는 꽹과리소리, 징소리 듣는다.

담담하고 재미있어야 수필이라는 틀에 박힌 허물벗기의 씻김굿을 한다. 삽짝 끝에 꽂히는 칼날의 울림 같은 웅숭깊은 울음과 비로소 논다. 백년문학사에 조금도 흐트러짐이 없는 틀에 박힌 수필의 붕어빵을 뜯어 고수레 친다.

모처럼 비 온다. 웃통 벗어재끼고 마당에 선다. 여름도 덩달아 마당에 선다.

언어는 그 언어마다의 그림자가 있다. 수필쓰기는 그림자를 찾아 언어의 맥을 짚어 문장의 기와 운을 살리는 공법이다.

옛날 옛적에 호랑이 담배 먹던 시절에……, 어머니의 부채 바람은 살을 파고들던 모기를 저만치 물리쳤다. 옛날 옛적에 호랑이 담배 먹던 시절에……, 모깃불 연기를 천공의 달이 빨아먹고 있었다. 달은 모기였다.

한낮은 찜통이다. 불볕이 오며가며 찜통에 불붙인다. 후끈거린다고 말하면 후끈거린다는 말에 힘입은 불볕이 풀무질을 한다. 흐물흐물한 찜통 속 찜을 뜯어먹는다. 땀을 훔치던 그가 시원타 시원타며 물이 된 목수건을 다시 짠다.

저녁엔 등목을 치고 〈일월오봉도日月五峯圖〉 병풍 아래 자리 깐다.

간절곶 바닷가의 물 먹은 갯돌에 간절한 간을 쳤다. 해돋이 맛으로 조금은 짜게, 조금은 시원하게 배추 속박이 양념하듯 간을 쳤다.

장독 뚜껑에 물 사발 올려놓고 비손 올리시던 어머니, 물

끝에 보였다.

어제도 오늘도 버스를 기다리고 전철을 기다렸다. 기다리는 동안에도 승용차가 지나가고 택시가 지나갔다. 기다리는 사람은 승용차를 기다리지 않았다. 택시를 기다리지 않았다. 기다리지 않는 것은 쏜살같이 지나갔다. 기다리는 사람은 정류소 길가의 나무를 보았다. 기다리는 사람은 나무에게서 기다림을 배웠다.

저녁놀 아래

기러기 날아가다

아파트 동棟과 동 틈새에 걸린 홍옥 같은 햇덩이를 떠받든 구름덩이를 보고 감탄한 적이 있다. 그것은 저녁놀이 아닌 분홍 채색으로 묶은 장엄한 꽃다발이었다.

저녁놀 속에는 삶을 돌아보라고 타이르는 웅얼거림이 있다. 어제 환하던 해가 오늘은 검은 구름에 가려 보이지 않을 것이라고 한다. 어제 득세하던 당당한 사람이 오늘은 초라한 뒷문으로 고개를 숙인 채 사라진다고 한다. 나라를 쥐고 흔들던 절대 권력자도 세상이 바뀌자 비정한 사형대에서 생을 마감하는 비운도 있다는 말을 들었다.

권세를 휘둘러 죄 없는 백성에게 올가미를 씌우고 구렁으로 밀어 처박는 시대는 예나 이제나 그다지 다름이 없다. 권세의 단맛은 권세를 쥐어본 자가 놓치고 싶지 않는 아편이다. 그 미끼에 홀려 상대를 깎아 누르고 짓밟는다. 그러나 권불십년權不十年이라고 했다.

어느 날의 저녁놀은 빨간 만장이었다. 해의 종천終天을 알리는 깃발. 그렇게 보니 아름답던 구름도 이제 막 어둠으로 돌아가는 해를 장송하기 위한 조화弔花 아닌가. 해가 어둠 속으로 들 때 세상 또한 어둠 속에 합장된다는 생각에 서둘러 나를 돌아보기도 한다.

놀구름 속으로 가물가물 사라지는 것이 있었다. 사람 인人자 대열로 날아가는 기러기였다. 나는 그 사람 인人자를 한참 보고 있었다.

아파트 출입

출입구가 세 군데나 설치된 아파트단지에 산다. 시내나들이를 할 때는 남쪽 문을 이용한다. 그런데 우체국에 가거나 무슨 용품을 사러 갈 때는 북쪽 문 방향이 편리하다. 그거 아니고도 서쪽에 위치한 출입구가 있다.

서쪽문은 다른 출입구에 비하여 조금 엄격한 느낌이 든다. 출입구 바로 곁에는 경비요원을 위한 사무실 건물이 떡 버티고 있다. 그 안에서는 언제나 두서너 근무자가 얼씬거리고 몇 대의 모니터가 무슨 화면인가를 비추고 있다. 지나가는 사람을 머리에서 발끝까지 일일이 훑어보는 것 같은 느낌이 든다. 주민들이 산책을 나갈 때 주로 이용하는 문이다.

세 개의 출입구 규모는 거의 비슷하다. 그런데 어느 것이 정문인지 모른다. 전철역과 가까이 있는 남쪽 문이 정문인가 하면 어쩌다 등기우편이라도 전달받는 날이면 북쪽이니 서쪽 정문이란 말을 들을 수 있다. 그러나 경비업무를 관할하는 사무실이 있는 서쪽 출입구가 정문이겠지 하고 혼자 생각한다.

문은 서로가 정문이니 부문副門이니 하며 저들끼리 옥신각신하지 않는다. 지난 공휴일 때였다. 남쪽으로 트인 문 울타리를 뻥 둘러가면서 태극기를 꽂았다. 부녀회에서는 그 문 근처에 화단조성을 하여 특별한 볼거리를 나타내고자 애를 썼다. 아파트 주민만이 아니라 이웃마을사람들이 더러 오가는 길목이라서 그런 것 같다.

남쪽 출입구는 아파트의 얼굴이라고 할까. 지난 연말에는 나무마다 꼬마전구를 매달아 밤엔 반짝거리는 올망졸망한 전등꽃이 눈부셨다. 주민들이 그 아래를 지나면서 연말의 들뜨는 기분을 꽃처럼 피우기도 했다. 그렇게 보면 나머지 두 문은 어쩔 수 없이 부문으로 밀린 셈이다.

그런데 서쪽문은 낙동강 방향에 있어 언제부턴가 강변정문이란 이름으로 부르는 것을 들었다. 정문이든 부문이든 각 출입구마다 기다란 차단기가 차량출입을 통제하느라 올라가고 내려가는 수고를 한다. 그것을 보고 있으면 수기신호가 떠오른다. 한 때 텔레비전 오락 프로에도 '오른팔 올리고' '왼팔 내리고' 어쩌고 하는 놀이가 있었다. 출입구의 차단기가 종일 오른팔 내리고 왼팔 올리고를 거듭하고 있는 듯했다. 텔레비전에서 그 놀이를 할 때 덩달아 따라해 보았다. 멍청하게 텔레비전 앞에 앉아 있을 때와는 달리 게임진행에 동참하고 있다는 생각이 들었다.

출입구를 지나면서 가령 오른팔 올리고 왼팔 내리는 우스꽝스런 몸짓을 한다면 내가 영락없이 출입구의 차단기다. 드디어 내 팔이 통과, 정지라고 무슨 힘깨나 쓰는 듯 보이는 차단기를 닮는다.

한번은 기장을 지나 일광으로 가는 국도에서였다. 길가에 주차하고 있던 경찰차가 지나가는 차량을 차례대로 세웠다. 대여섯 명이나 되는 경찰은 손에 든 붉은 경찰봉을 흔들고 있었다. 음주운전을 단속하는 중이라고 일행 가운데 누가 말했다.

아파트 출입구에 설치된 차단기가 음주운전 단속을 하는 경찰봉처럼 보이는 때도 어쩌다 있다. 무슨 차량인가를 붙들고 한참 말씨름을 하던 경비원이 이윽고 차단기를 올려주었다. 운전자는 못마땅한 표정으로 내내 뭔가를 투덜대곤 했다.

살아갈수록 아파트 이름이 혀 꼬부라진 소리로 바뀌고 현관문은 비밀번호를 먹고 입맛이 맞아야 열린다. 제 집 앞에서 제 집에 들어가지 못하고 잊어버린 비밀번호를 기억하느라고 동동거리는 사람도 있지 않겠는가.

출입구를 통과하면서 차단기에 고분고분 순응하는 일이 아파트 생활이다. 그렇지 않으면 아파트 입구에서 원천봉쇄 당하는 일도 생길 것이다. 권총 비슷한 것을 옆구리에 차고 있는 경비요원에게 몇 동 몇 호에 산다는 신분을 밝히고 확인이 되어야 비로소 각자의 집에 들어갈 수 있는 세상이다.

나는 나라고 우기지만 남 보기에 나는 나 아니다. 주민등록증이 나를 대신하여 나를 증명한다. 이런 보증을 지역사회를 관장하는 단체장이 한다. 많은 시민을 위하여 일일이 보증을 서야하는 자치단체장은 그런 점 고단하겠다.

오늘은 서쪽 문으로 나가 낙동강 둔치를 걸어야겠다.

클레이아크 기와 전시장

기와는 지붕 덮개만이 아니다. 덤덤하고 투박한 공예품으로 전시되기도 한다. 집을 지키느라고 멀리 눈을 부라리며 도적의 침입을 막았을 귀면와鬼面瓦는 문지기 일을 하고 있었지 싶다. 용마루 끝에서 사방을 두리번거리고 있었을 망새는 독수리처럼 날카로운 눈과 부리로 다가오는 듯하다.

어떤 면와面瓦는 그리워하는 대상을 멀리 그리워하는 낌새가 보인다. 그런 기와에 오래도록 눈이 끌린다. 기와 공사를 위해 차출된 와공들이 오래도록 떨어져 사는 아내의 얼굴을 기와에 담았을 것이다. 그리움을 암키와와 수키와의 눕고 엎드린 어울림으로 나타낸 것이라면 좀 민망하긴 하지만.

줄줄이 포개놓은 기와를 보고 있으니 엉뚱하게도 물고기비늘이 떠오른다. 암키와를 가지런히 줄지어놓은 전시물 앞에서다. 비늘이 아닌 다른 것으로 보면 또 다른 형상이 기와에 떠올라 기와를 보는 재미에 마음이 끌린다.

김해시 장유에 있는 클레이아크 전시관에서였다.

그날의 전시품은 중국와당이 주 종목이었다. 중국 고대의 문명을 와당에서 찾아보라고 하는 듯 여기는 수키와, 저기는 암키와가 전시장을 가득하게 메웠다. 중국의 전통적인 기와마을에 든 것이나 다름없는 풍경에 어느 골목에서는 전족을 한 중국여인이 아장거리며 나타날 것만 같았다.

물고기의 비늘형상으로 지붕을 인 뜻이 어렴풋이 잡힐 것도 같다. 비늘을 닮은 기와를 이고 오랜 풍상에도 싱싱하게 살아 천天과 지地의 틈새를 헤엄치도록 주술을 거는 뜻은 혹 아니겠느냐고 멋대로 매겨본다. 기와만이 아니다. 너와집은 나무껍질을 비늘처럼 지붕에 올린다. 어떤 눈비에도 끄떡없이 이런 저런 세상의 바다를 유유히 헤쳐 가는 집이다. 그러고 보니 기와와 너와는 바다를 헤엄치는 물고기의 싱싱한 비늘이다.

기와를 보는 것은 바다 속을 헤엄치는 싱싱한 물고기를 보는 일이다. 세상의 바다를 유영하는 비늘이 아름다운 기와집. 그날 본 클레이아크는 물 위로 치솟은 한 마리 거대한 물고기 아니던가.

기와를 만지며 물고기의 움직임을 보는 눈에 세상은 멀고 가까운 바다였다.

게으른 날

방안에서 혼자 뒹굴고 있으니 공허감 때문인지 방이 넓어 보인다. 햇빛이 덩달아 방을 환하게 비춘다. 캄캄한 밤이라면 이런 저런 것을 모르고 지나가겠지만 햇빛은 방안의 모든 것을 다 꿰어낼 정도로 투명하다.

아무 소리도 들리지 않는 대낮이 오히려 마음에 걸린다. 책장을 넘긴다. 그랬더니 책장 넘기는 소리가 손가락 끝에서 방안으로 울리는 느낌을 받는다. 여느 때 같으면 그만한 소리 같은 건 귀에 담지도 않았다. 책장 넘기는 소리만이 아니다. 가만히 보니 내가 부스럭대는 소리도 있는데 내 몸에서 나오는 소리는 생각하지도 않는다.

이리저리 방안을 살펴본다. 옷걸이가 눈에 잡힌다. 계절이 바뀔 때마다 바뀌는 옷걸이의 옷이 춘하추동을 말한다. 계절을 알려주는 것으로 벽에 걸린 달력도 물론 있다. 기왕 눈에

띈 달력을 가만히 보는데 볼펜으로 적어놓은 글씨가 희미하게 들어온다. 사회생활을 하면서 남과 어울려 흥겹게 주거니 받거니 하지 못하는 붙임성이라고는 전혀 없는 성미인데 무슨 볼일이 있다며 달력이 말한다.

아내가 어디 볼일이 있어 나가면 직장상사가 자리를 비운 때처럼 비교적 자유스럽다. 방바닥 여기저기에 책을 가득 어질러놓아도 당장 뭐라고 지청구하는 소리를 듣지 않아 그렇다. 책을 보다가 냉장고를 뒤져 이것저것 군것질을 한다. 건강 운운하면서 헤프게 손을 대지 말라고 아내는 타일렀다.

혼자 집에서 뒹구는 날은 군것질을 하는 맛이 좋다. 언제 나왔는지 화분의 군자란 꽃이 뭉글뭉글 붉은 미끼를 내밀고 있다. 꽃이 혹 나를 감시하고 있는지도 모른다. 나는 꽃에게 은근한 눈짓을 준다.

힘

이웃 아파트단지 안에 소나무가 우거진 야트막한 작은 야산이 있었다. 주민들이 간편한 아침산책을 하느라고 자주 오르내리던 살붙이 같은 산이었다.

그런데 그 산의 나무들이 어느 날 흔적도 없이 사라졌다. 아파트단지가 재개발사업으로 정리된다더니 산이 먼저 정리 될 모양이다. 업자의 속셈은 보나마나 뻔하다. 그 자리에 이십몇 층짜리 아파트를 몇 동 들어앉히는 오붓한 계산은 굳이 계산기를 두드리지 않아도 절로 나온다. 야산이 어디 밥 먹여주나. 산이나 직원이나 정리 되는 까닭을 들어보면 관리자 처지로는 '어디 밥 먹여 주나'하는 심보가 하나같이 번드레하다.

어느 개발제한구역을 지날 때였다. 개발을 금한다는 팻말이 걸려 있던 밋밋한 산비탈에 이름깨나 날린다는 건설회사의 간판이 떡 버티고 서 있었다. 그 서슬에 기가 꺾인 개발제한구역이란 팻말은 흔적도 없이 어디론가 사라지고 말았다.

따지고 보면 법이란 글자가 문제다. 물[水] 흐르듯[去]이란 합성구조가 그렇게 만든 것이라며 자업자득이나 다름없는 글자에 괜한 트집을 잡는다. 덧없는 물[세월]의 흐름은 개발제한구역을 스쳐가며 제한구역을 풀어 개발하라는 목소리를 높이지 않았나 싶다.

강철처럼 단단하게 꽉 짜인 법이란 조목도 잘 나가는 사람 앞에서는 탄력성과 신축성이 좋은 고무줄이 된다. 그러나 별 볼일 없는 사람 앞에서 법은 뻣뻣한 강철막대기다. 해독하기 힘든 법조문을 코앞에 들이대고 상대의 기를 꺾는다.

절대농지라던 땅이 어느 날 멀쩡한 대지로 둔갑한다. 어리둥절해진 사람들은 그게 힘의 덕이라며 멀거니 쳐다만 본다. 칼자루를 쥔 자에게 법은 요랬다 저랬다 물구나무서기를 한다. 만인에 평등한 법이라고 말하지만 그건 책에서나 읽을 수 있는 구절이다.

사라진 야산은 다시 회복되지 않는다. 산을 그대로 두는 것이 재건축이 된 새 아파트의 이미지에 아름다운 경관이 될 것은 물론이다. 그런데 설계도는 단지 안에 솟은 것을 깎아야 한다고 아우성이었을 것이다.

자연을 보호하자는 팻말을 들추는 건 오히려 시대착오적인 넋두리인지도 모른다. 깎이는 야산 또한 서운한 일이지만 그냥 바라볼 수밖에 없다.

힘이 있어야 정의건 불의건 목소리는 빛이 난다.

미끼

낚싯줄을 물에 던져놓은 채 낚시꾼은 보이지 않는다. 낚싯대 곁에는 비스듬히 누운 낡은 간이의자 한 개, 미끼통 하나, 그리고 빈 바구니가 하릴없는 놀이꾼처럼 낚싯대와 함께 시간을 보내고 있다.

낚싯대는 강변 풍경에 작은 몫을 한다. 한 폭의 수묵화에 비길 수 있을 만도 하다. 내가 낚싯대에 멍하니 눈을 팔 듯 물속의 고기도 낚시 바늘 주변을 돌다가 미끼의 맛에 입을 댈까 어쩔까 망설이고 있을 것이다. 낚싯대가 전혀 움직이는 기색이 없는 걸로 보아 미끼에 함부로 입을 대지말자고 물고기들은 눈짓으로 서로 당부하면서 돌아갔을 것이다.

슬슬 운동장 쪽으로 간다. 걷기운동은 건강을 꼬드기는 미끼라는 말을 들었다. 그걸 아는 사람들이 시간을 내어 운동장을 걷는다. 덩달아 운동장 둘레를 조금 빠른 걸음으로 몇 바퀴 걷기로 한다. 그러면 몸속의 헤모글로빈이 건강이란 미끼에 닿을 듯 말듯 한 느낌이 들어 운동장을 걷는 맛이 생길 것이다.

으슥한 길모퉁이에 화투 몇 장을 깔아놓고 지나가는 사람의 발길을 잡는 덫을 본 적이 있다. 야바위꾼이 돌리는 화투장은 오른 손바닥에서 왼손바닥으로 찰싹 달라붙는다. 어느새 화투장은 담요 바닥에 납작하게 엎드리고 야바위꾼은 구경하는 사람의 눈치를 살핀다. 무엇인가를 알아맞히면 얼마만큼의 돈을 주겠다고 하는 것 같다. 그때 누군가가 만 원짜리를 담요에 던지듯 하더니 어느 화투인가를 짚는다.

입에 발린 달콤한 말투로 상대의 귀를 솔깃하게 하는 세상이다. 그게 무서운 검은 미끼란 걸 어렴풋이 잠작하면서도 때로는 도깨비에 홀린 듯 소갈머리도 없이 돈 놓고 돈 먹기의 유혹에 끌려든다.

미끼라고 다 사람을 홀리는 마성을 갖는 건 물론 아니다. 기업체는 건전한 발전이며 능률향상이란 미끼를 달고 수요자의 입맛을 다시게 한다. 그 결과 제품의 질이 향상되고 또 다른 목표를 잡아 미끼의 높이를 더 높게 매단다. 수요자는 보다 좋은 품질을 탐내어 뒤꿈치를 치켜들고 미끼에 손을 뻗는다.

생산자는 당연히 소비자를 미끼로 삼는다. 이런 처지에서 보아도 수요자와 공급자 사이의 주고받는 거래관계가 세상사는 맛을 넉넉하게 하는 달콤한 미끼가 된다.

앞을 다투듯 운동장을 뛰는 사람들은 입에서 푸푸 숨소리를 내뿜는다. 기왕이면 몇 바퀴 더 걸으면서 덩달아 푸푸 건강이란 미끼를 차지해야겠다.

주변머리 없는 날

도시철도는 보기 좋게 문을 닫고 서서히 출발하기 시작한다. 아차!, 다소 굼뜬 소리를 마음속으로 끙끙 앓으면서 어쩔 수 없이 다음 역에서 내려야겠다는 생각을 한다. 반쯤 일어서던 엉덩이를 다시 의자에 붙인다.

지나고 보면 모든 실수와 착오는 순간에 일어난다. 잠깐 정신을 엉뚱한 것에 파는 사이 도시철도는 용용 죽겠지 하는 시늉을 하며 덜컹덜컹 달린다. 조금 전에만 해도 이번 역에서 환승해야 한다는 생각을 하고 있었다. 그런데 기억장치라는 것에 녹이 슨 탓인지 정작 환승할 역에 도착했을 때는 끈을 놓고 앉은 자리에서 보던 신문이나 요리조리 뒤적였다.

때로는 환승역에서 갈아탈 이유도 없는데 남들 따라 내려서는 우를 범한 적도 있다. 낯선 역에서 길을 찾아 두리번대는 몰골은 남 보기에 딱했을 것이다. 지상이라면 아, 저기 무슨 빌딩이 있으니까 어디로 가야 길이 있다는 머릿속의 지리가 그려졌다. 그런데 지하에서는 이 길이 저 길 같고, 저 길 또한 이 길 같은 표정이 걸음을 헷갈리게 한다. 안내표지가 여기저기에서 손짓을 한다. 사람들의 흐름을 따라가면 그 길이 또 안개 속처럼 뜨다가 사라지는 느낌이다.

깜박거리는 정신을 다시 가다듬으라고 안내판이 친절을 베푸는데 내 안에서는 이 멍청아 하는 소리가 나를 집적거린다.

한번은 또 종점 역 가까이에 간 다음 비로소 정신을 차린 적이 있다. 그때는 물론 달콤한 토막잠에 기울어져 도중에 들리는 안내방송은 무슨 자장가처럼 귀에 속살거렸다.

사람마다 가령 토막잠을 즐길 경우 도시철도 안은 다음 역에서 또 다음 역으로 꾸벅거리는 승객으로 무작정 이어질 것이다. 종점이라는 안내방송에도 아랑곳없이 코를 고는 사람은 잠자리가 아닌 도시철도 객실 의자가 느긋한 잠자리가 된다.

어느 날은 허둥지둥 도시철도를 탄다는 것이 목적지와는 반대방향이었다. 한참 달리는 도중에 가만 생각하다가 아차 잘못 탔구나 하고 창밖을 내다보는데 컴컴한 어둠이 가득 차 있다. 실수하면서 배운다고는 하지만 한 두 번의 실수도 아니다. 도시철도는 시간 약속을 지켜준다고 하는데 내 경우 시간 약속은커녕 시간을 까먹는 일을 거푸 저지른다.

제법 높은 벼슬자리에서 물러난 어느 분이 혼자 도시철도를 타는데 어디서 무엇을 어떻게 해야 되는지 몰라 허둥거렸다. 직분에 앉아 있을 때는 아랫사람이 무엇이든 척척 손발이 되어 주었다. 그러나 손발이 떨어진 다음은 혼자 일을 처리해야 했다.

직위에서 물러난다는 것은 사회생활의 이모저모를 밑바닥부터 다시 시작해야 적응할 수 있다고 도시철도가 말을 한다. 옛날 생각만 하고 있으면 사회의 흐름에서 밀려난다. 사람은 환경의 지배를 받는다고 누차 말하지 않는가.

도시철도를 이용하는 요령 또한 삶의 공부다. 보잘 것 없는 서민인 주제에 나는 이따금 그 공부를 까먹는다. 정신 좀 차리고 다니자고 하는 닦달이 내 안에서 들린다. 하지만 그때뿐이다. 정신을 팔아먹은 적도 없는데 아내는 어디에 정신을 팔고 다니느냐며 주변머리 없는 나에게 눈을 흘긴다.

태풍 그 이후

홍수에 떠밀린 강둑과 들판은 서로의 경계를 잃어버렸다. 나락포기가 서 있던 논바닥은 떠밀린 돌과 자갈에 묻혀 작은 사막으로 변했다.

조마조마하게 서 있던 전신주는 돌풍에 쓰러졌다. 미처 몸을 가누지 못한 집은 창문이 날아가고 지붕이 뜯기고 뜯긴 틈새로 무슨 비행물체처럼 가구들은 해방을 맞은 듯 뿔뿔이 날아갔다.

어느 집에서는 불이 났다. 웬 날벼락이냐며 끌끌 혀를 차던 불이 붉은 혓바닥을 날름대기 시작했다. 뼈 없는 불이 뼈가 단단한 목재와 쇠를 먹어치우고 끈적끈적한 잿더미를 게워냈다. 물과 바람도 뼈가 없기는 마찬가지다. 뼈 없는 것이 뼈 있는 것을 할퀴고 삼키는 일대반란.

물은 목마름을 풀어주는 달콤한 약이다. 씨앗을 옮겨 심는 파종자인 바람과 어둠을 밝혀주는 불은 인류에게 고마운 자연 요소다. 자연 속에 살맛나는 자연의 씨알이 살아 있다고, 물·바람·불은 여전히 말을 한다.

지구가 점점 원시성을 드러낸다는 말이 들린다. 예방주사는 인간의 것만은 아니다. 지구에게도 예방주사를 놓아 위험을 사전에 막아야 하는데 지구 저편의 한발과 기근은 이쪽 일이 아니라고 팔짱을 낀다. 석유전쟁은 이미 진행중이고 식량전쟁 또한 인류를 위협한다.

홍수가 몰아온 자갈에 깔린 논밭은 사막처럼 아득하기만 했다.

일흔의 그림자

무슨 책을 읽는답시고 잘 열리지 않는 머리를 틀어쥐고 있다. 뾰족한 이해수단이라도 있으면 술술 열릴 것이다. 그런데 머리 뚜껑이 고분고분 말을 들어주지 않는다. 이런 때는 난감

하지만 잔꾀가 생긴다.

나이 일흔이면 흔한 말투로 고희古稀다. 드물게 오래 살았으니 좀 조용히 있는 듯 없는 듯 지내라는 뜻이 함축되지 않았나 싶다. 그런 처지인데 구질구질하게 공부에 매달리느냐고 하는 입방아도 간혹 있다. 어떤 자리를 탐해서 하는 책읽기는 물론 아니다. 세상에 떠돌아다니는 해괴한 웃음거리 농에도 일흔 이상은 축에 끼어들지도 못한다. 아예 저리 가라다. 누울 자리나 생각하라는 투다. '일흔이 넘으면 잠자리도 바뀐다'고 속담이 귀띔을 주지 않는가.

어느 학자가 쓴 언어교육에 관한 영어연설문은 머리에 잘 들어오지 않는다. 중학교에 다닐 무렵 링컨 대통령이 한 〈게티스버그 연설문〉은 몇 번 읽지 않고도 달달 외울 수 있었다. 그런데 그 학자의 연설문은 읽을 때 뿐 노트를 접는 순간 아무것도 머리에 남지 않는다. 그것이 육십년이란 틈새를 말하는 것 같다. 육십년 동안 쌓인 머리의 녹이 기억회로의 문을 삐걱거리게 한 것 같다. 그걸 모르고 괜히 문장이 이러니저러니 하면서 탓을 돌리려고 한다. 기억회로를 다소나마 되돌리자면 우선 몇 번이고 읽고 쓰는 꾸준한 노력으로 기억회로의 녹을 벗겨야만 한다.

책읽기는 나를 위한 기쁨이다. 만약 약은 잔꾀를 도모하는 책읽기, 남을 부려먹고자 하는 책읽기, 남의 등을 치고자 하는 책읽기, 턱없는 노탐을 부리는 책읽기라면 내 속부터 우선 편

치 않을 것이다. 법망에서 교묘하게 빠져나가기 위한 책읽기란 말도 있긴 하지만.

책읽기는 몽매한 길을 밝혀 주는 고마운 등불이다. 늦은 깨달음이지만 때로는 나를 기쁘게 한다.

나이

세월이란 지귀紙鬼에 오물오물 뜯긴 연말의 달력은 춥다. 계절 탓만은 아니다. 새해 첫 달력을 벽에 걸 때는 짙은 잉크냄새가 포근했다.

흐르는 강물 같은 세월이라느니 화살처럼 후딱 지나가는 세월이란 비유가 상투적인 언어구사만은 아니다. 연초의 계획은 아직 손도 제대로 쓰지 못했는데 연말이 성큼 다가와 사람을 어리둥절하게 한다.

누구나 그렇지만 나이라는 것은 어쩔 수 없이 받아 챙겨야 하는 세월이 주는 선물이다. 어느 누구에게는 한꺼번에 많이 주고 적게 주지도 않는다. 마음에 들지 않는다고 퇴짜 놓을 수 없는 것이 나이이다. 그걸 받았다고 자랑할 처지도 아니고 투덜거릴 처지도 물론 아니다. 받지 않겠다고 저만치 물러앉아 있어도 나이는 어김없이 골고루 찾아든다. 눈에 띄지도 않는 것인데 내 안에 들어와 몸과 마음에 크고 작은 변화를 일으킨다.

겨울 백두대간을 등반하는 등 젊은이와 어울리는 칠십대 후반의 그는 나이를 초월한다. 그가 부러웠던 나는 그의 등반사진을 한 동안 보고 있었다.

낙서

낙서를 하고 있으니 마음에 끼고 있던 불편한 생각들이 슬그머니 사라진다. 의미도 없는 글자형태를 아무렇게나 갈기는데 그것이 어떤 위안을 주는 것 같다. 비뚤어진 글자들은 서로 포개지거나 가로세로 눕기도 한다.

마음을 치료해 준 낙서가 고마워 종이를 가만히 치켜든다. 둥글넓적하게 줄을 친 것, 빗살무늬처럼 죽죽 내려 그은 것, 구슬방울처럼 동글동글하게 맺힌 것이 무질서한 빗금 속에 나타나기도 한다. 그 무질서에서 질서를 찾아내려고 하지 않는다. 굳이 말을 하자면 무질서는 무질서란 질서이며 길이다. 난 잡미亂雜美라는 말을 무질서에 슬쩍 끼우는 부질없는 억지를 부리기도 한다.

미학자 진중권의 ≪놀이와 예술 그리고 상상력≫에서 읽은 〈레닌의 초상〉은 보는 느낌이 새롭다. 러시아 화가 샤란 코비치의 원작을 재구성했다는 그림이다. 레닌은 그물처럼 엉클어진 미로 속에 깊은 생각에 잠긴 듯 갇혀 있다.

혁명가인 레닌의 신변보호를 위해서는 함부로 드러나지 않아야 했을 것이다. 중요인사를 보호하기 위한 속임수는 그림 아니고도 또 있다. 국가 원수가 탄 차가 지나가는데 그와 비슷한 차량을 앞뒤에 배치하여 사람의 눈을 혼란스럽게 한다. 전투에 나가는 군인들은 적의 눈을 속이기 위해 철모와 전투복에 나뭇가지를 매달아 혼란스럽게 한다.

화가는 대상을 감추려 선과 물감으로 낙서하듯 위장기법을 쓴다. 현대미술의 흐름이 구상보다는 추상 쪽으로 기우는 경향도 감추고자 하는 심리에 따른 것 같다. 현실을 감추어 또 다른 현실을 들어내려는 노력을 낙서에서 읽고 싶다.

탈을 쓰고 노는 탈춤을 보아도 낙서 같은 놀이 아닌가. 춤꾼의 해학을 양반은 모른다. 양반은 술잔이나 기울이며 너털웃음으로 마냥 흥겨워한다. 탐관오리의 부도덕은 탈춤의 바닥에 있는데 춤의 흥겨움에 빠진 양반은 그 뜻을 헤아리지 못한다.

잡풀처럼 문장을 엉클어놓고 주제를 그 속에 감추고자 시도한 적이 있다. 그런 생각으로 문장을 이리저리 뒤틀면서 읽는 사람을 다소 어리둥절하게 하는 잔꾀를 부렸다. 재미있는 구절이라곤 전혀 없는 내용은 독자를 돌아서게 했다. 그걸 알면서도 앙큼한 올가미를 문장에 치고 그 올가미 너머에서 내 생각에 걸려들 순진한 독자를 기다렸다. 그러나 허사였다. 그제야 서툰 수법임을 깨닫고 길을 바꾸어야겠다며 차일피일 무거운 세월을 보냈다.

우거진 수풀 속에 빨간 물체가 눈에 띄었다. 마을 뒷산을 거닐 때였다. 가까이 가서 본 그것은 누가 버리고 간 빨간 플라스틱 대야였다. 요긴하게 쓰다가 버렸을 대야를 보는 순간 애장독 뚜껑을 연상케 했다. 빨간 빛을 가까이서 보는 순간 앵앵 애기울음소리를 듣는 애절한 환청이 일어 가벼운 진저리를 쳤다.

사람이 쓰다가 버린 것에는 인간의 체취 같은 그림자가 따라붙는다. 무슨 할 말이라도 빨간 대야 속에 감추고 있으리라. 넝쿨풀이 대야를 포대기처럼 얽어매고 있다. 울고 보채는 아기를 넝쿨풀이 달랜다고 할까.

사회생활이라는 넝쿨에 얼기설기 묶인 내가 대야에 떠올랐다. 그렇게 보니 내가 빨간 대야다. 어쩌다 시뻘건 코피로 얼굴을 감싼 나는 대야로 몸을 바꾼 징그러운 타나토스다.

하릴없이 방안에서 뒹구는 날은 대야를 휘감은 넝쿨풀 같은 낙서를 즐긴다. 낙서는 무의식 속에 잠긴 나를 끌어내는 미끼다. 누구나 다 비슷한 경험이지만 낙서는 카타르시스다. 어느 날 골목길을 가는데 비틀비틀 휘갈긴 글씨가 눈에 들어왔다.

– 이 벽에 오줌 싸는 눔 ✄

울기 좋은 날

바깥이 좀 어둑어둑해지는데 곁에 앉은 낯선 젊은이가 장례식장이 있는 영락공원으로 가는 길을 묻는다. 전철은 동래역을 막 지나 명륜동역으로 가고 있었다. 문상을 가는 길일까. 그러나 어디서 작업을 하다 나온 차림새다.

연말을 즐기고자 사람들은 물결처럼 거리의 바다로 출렁이는데 젊은이는 조금 심각한 표정이다. 해질 무렵에 영락공원으로 간다는 그가 불안해 보이기도 하다. 입은 그대로 가야할 걸음이라면 어느 급보라도 받은 것 같다.

살기 힘든 세상이라고 신문기사는 연일 큼지막한 활자를 쏟아낸다. 공장이 멈추어 서고 다달이 나가던 급여마저 끊어진다는 회사도 있다. 잘 나가던 일자리를 하루아침에 잃어버리고 거리를 서성대는 고개 숙인 젊은이가 세상을 어둡게 한다. 태산 같이 믿었던 든든한 회사가 무너지리라고는 생각도 못했다.

영락공원으로 가는 젊은이의 눈이 깊어 보인다. 그 깊이 속에 담고 있을 사정을 이리저리 헤아려 보는 내 눈에 젊은이의 깊은 동공이 삭정이처럼 걸려드는 느낌을 받는다.

여유 있는 사람은 여유 없다는 사람을 때로는 따분하게 여긴다. 공무에 앉아 일을 보는 사람도 없는 자보다 있는 자 편에서 일을 보는 것이 편하다. 공무를 맡은 높은 양반들은 세상 밑바닥의 이야기에는 눈과 귀가 설다. 너무 높기 때문에 밑바닥이 잘 보이지 않는다고 할까. 그럼에도 실적은 올려야 한다. 그런 생각으로 밑바닥 사람들의 살림살이나 살살 긁어 혹시 감춘 것이 없을까 하고 컴퓨터 화면에 뜨는 정보 속으로 파고든다.

하기야 가난한 사람에게도 책임이 없는 것은 아니다. 남들 열심히 나갈 때 무얼 꾸물거리고 있다가 나라의 보조나 목마르게 바라고 있으니 따분한 짓이다. 그런 궁상이 나라를 다스리는 공직자에게 껄끄러운 걸림돌이 된다. 이것 또한 죄라면 죄다. 공직자를 힘들게 하는 죄. 이런 죄를 혹시 업무능률방해죄라는 조목으로 꾸짖을 수도 있지 싶다. 그렇다면 빈자는 죄의 올가미를 두건처럼 둘러쓰고 하늘을 우러러 볼 면목이 없다.

어느 잘 나가던 사람이 수십 억 원을 꿀꺽 챙겼다. 그러나 수법이 묘해서인지 죄를 덮어씌우기는 애매하다는 법조문에 걸렸다. 법망을 피할 길을 미리 계산하고 일을 처리한 당사자로서는 속으로 쾌재를 부를 일이다. 서민들이야 감히 엄두도 내지 못할 엄청난 일인데 법을 아는 유식한 편에서는 사정이야 어떻든 순서에 맞는 일 처리였다. 힘없는 서민에게 법은 매운 회초리며 칼날이다.

죄가 의심되는 잘 나가는 사람을 법에 불러놓고는 지나간 일을 대라고 다그친다. 불려간 사람은 당연히 죄의 올가미를 요령껏 피하는 길을 미리 안다. 실토하는 그대로 믿으면 죄는 전혀 성립되지 않는다. 죄가 의심되는 사람을 불러놓고 면죄부를 씌워주는 역할을 법이 알아서 한다. 요령 좋은 세상이다.

영락공원으로 간다는 젊은이는 아무리 보아도 번드레하고 편리한 세상과는 인연이 멀어 보인다. 더구나 해질녘 아닌가. 가서 울음이라도 한껏 터뜨려야할 일이 있는지 모른다.

일이 잘 풀리지 않을 때 조상의 무덤에 가서 엎드려 운다는 사람이 있었다. 젊은이도 혹시 조상의 무덤을 찾아가는 길은 아닐까. 연말저녁은 울음 울기에도 안성맞춤일 것 같다. 울음은 뜻밖에 마음을 개운하게 씻어 준다. 마음을 다시 가다듬기 위한 길이겠다며 젊은이에게 가는 길을 자상하게 알려주었다.

집에 돌아오는데 이런 저런 생각의 거리귀신이 발걸음을 거듭 붙잡는다.

어이와 저기요

전철 안에 들어서는데 어이하고 부르는 소리가 들린다. 어렴풋이 익은 목소리다. 그러나 나를 어이하고 부를 사람이 없을 것 같아 머뭇거리는데 다시 어이하는 소리가 있다.

나는 어魚씨가 아니다. 하지만 귀에 익은 어조가 뒤를 돌아보라고 한다. 과연 그랬다. 농제聾齊 박 옹翁이 앉아서 나를 손짓하고 있다. 가까운 거리에 살고 있지만 오랜만의 만남이다. 무슨 볼일이 있어 옛날 살던 집에 간다는 박 옹은 피골이 상접한 까칠한 얼굴에 주름마다 엷은 웃음을 싱긋이 달고 있다.

하루는 길을 가는데 뒤에서 저기요, 하는 투박한 소리가 들려 돌아보았다. 무슨 다급한 일이라도 있는 듯 눈빛이 초조해 보이는 낯선 노인이었다. 일흔 나이를 짐작케 하는 구부정한 허리를 곧추세우며 길을 물었다. 그가 찾는 방향은 다행히 내가 아는 길이었다. 나 아니고도 몇 사람에게 저기요 하며 길을 물었을 것이다.

길을 가는 동안 어쩌다 나는 어이가 되고 저기요가 된다. 이름 모르는 상대를 부르는 적당한 호칭이지 싶다. 박 옹은 물론 내 성명을 안다. 하지만 사람이 많은 전철 안에서 굳이 내 성명까지 들출 일이 아니란 것을 짐작했지 싶다.

이렇게 살다보면 내 이름은, 내 바탕은 도대체 무엇인가 하는 의문이 슬그머니 고개를 든다. 언젠가 온라인에 뜨는 닉네임을 '소나무'라고 했더니 나도 모르는 사이 소나무가 되었다. '마루'라는 닉네임을 쓰라며 누가 지어주기도 했다. 소나무를 깎아 마루[宗/廳]에 깐다? 싱겁게 궁실거리는 내 실체는 온라인 안에서 요리조리 가면놀이를 한다. 뾰족하게 감출 것도 없는 처지인데 남을 궁금하게 하는 것도 실없는 재미 아니겠는가 하고 닉네임 속에 살짝 몸을 웅크린다.

소나무든 마루든 그것은 나를 감춘, 그림자나 다름없는 별칭이다. 호를 내세우고 닉네임을 내세우는 것은 일종의 자기 보호수법이라면 어떨까. 아날로그가 디지털이 되듯 시대의 흐름을 따라 소나무 · 마루란 나만의 별칭으로 변신하면서 산다.

다음에 또 무슨 호칭이 나를 옭아매는 끄나풀이 될지 모른다. 그런 걸 예감했을까. 누가 노래로 불렀다. 둥근 세상 둥글둥글 사는 거라고.

어느새 소나무가 되고 마루가 된 내가 컴퓨터 속에 있다. 집 밖에 나서면 어이가 되고 저기요가 되는 세상에서 '돌아서서 가는 사람 왜 불러'라는 애상조哀想調의 가락이 새삼 마음에 닿는다.

아으 동동動動다리*.

비밀번호

아파트 출입구의 현관문이 열리지 않는다. 다시 비밀번호를 찍어보는데 #[우물]과 *[별]표의 순서가 이리저리 헷갈린다. 마음이 다급해진다.

감시기란 놈이 떡 버티고 서서 무단출입자 취급을 하는 것 같다. 입주민이라고 마음으로 우기지만 닫힌 문은 말을 듣지 않고 냉엄하다. 비밀번호나 똑똑히 찍으라고 번호판이 무뚝뚝하게 말하는데 깜박 놓친 비밀번호는 머릿속에서 요랬다조랬다 사람을 애먹인다.

---

* 고려속요 <동동動動>의 후렴구.

비밀번호를 모르는 자는 함부로 출입할 수 없는 문이다. 깜박 놓친 숫자와 기호는 출입자를 따돌리면서 머릿속을 쿡쿡 쥐어박는다. 사람을 만만하게 보는 것 같다. 숫자에 왕따 당하는 처지가 되다니 서글프다.

숫자에 길이 막힌 적은 이번만은 아니다. 젊은 시절, 무슨 자격시험을 보는데 수학이 길을 가로막았다. 운명을 가르는 시험이라는 생각이었는데 난감했다,

기억장치에 갑자기 혼돈이 생길 때도 난감하기는 마찬가지다. 흔히 말하는 건망증이라거나 치매현상의 조짐을 우려하게 된다. 하지만 그런 끔찍한 증상과는 거리를 두고자 순간적인 망각증세도 있지 않겠는가고 될수록 편하게 마음먹기로 한다.

출입문 근처에서 서성거리는데 휴일이라서 그런지 드나드는 이웃이 없다. 낭패다. 망각증세가 있는 자는 좀 애를 먹어야 한다며 문이 용용 죽겠지 하며 시침을 떼는지도 모른다. 많은 주민이 수시로 왕래하는 문에 비밀번호는 왜 필요한지 옹졸한 마음은 가리사니를 헤아리지 못하고 차차 볼이 메인다.

출입구에 막대기만 달랑 가로 질러놓던 시절이 있었다. 집이 비었으니 볼일이 있는 사람은 다음에 와 달라는 기호였다. 바람이 불면 휙 날아가고 말 사립문을 가리개처럼 엉성하게 달아놓은 집도 있었다.

과학이 발달하여 한없이 살기 편한 세상이라고 하지만 문에는 두 개 세 개씩 잠금장치를 달아야 마음을 놓는다. 과학이

사람을 더 복잡하게 가두고 푼다고 할까.

미당 서정주 시인은 나이 마흔이면 귀신이 와 서는 것이 보이는 나이라고 했다. 그런데 현관 출입구의 비밀번호를 놓친 경우 희수喜壽에 이르면 아침에 알던 숫자도 저녁이면 까먹는 처지라고 둘러대고 싶다.

과학이란 것이 어느 단계에 이를 경우 인조인간인 로봇이 인간세계를 차지하고 인간은 로봇의 지시에 고분고분 따를 것이란 우렁잇속 같은 자발없는 생각마저 하게 된다. 인간정신이 아닌 로봇정신이 세상을 지배하리라는 횡설수설을 하는 순간에도 때로는 컴퓨터 앞에 앉아 업데이트를 하라는 컴퓨터의 지시를 고분고분 따른다.

과학문명은 그 과학에 보조를 같이하지 못하는 계층을 따돌린다. 디지털시대가 젊은이를 위한 빠름의 시대라면 아날로그 시대는 느림을 일삼는 세대임을 말하겠다. 느리게 꾸물대는 세대가 안쓰러운지 느림의 미학이란 말이 심심치 않게 화제에 오른다. 노약자를 우대하는 좌석이 있듯 느림도 미학으로 대접 받는 자리가 있을 것이니 그나마 위안이다.

어느 노인이 푸념처럼 뇌까리던 말이 새삼 떠오른다. 아파트의 이름이 혀 꼬부라진 소리라 기억하기 까다롭고 현관문 앞에서는 비밀번호를 몰라 집을 두고도 집에 들어가지 못한다며 고개를 저었다. 푸념은 영락없이 내 것이 되고 말았다.

오래 전 임진강변에서였다. 물 건너 마을이 보이는데 그 마을에서 태어나 자란 사람이 제 안태본으로 가는 길이 끊어졌다며 한탄했다. 휴전선이라고 일컫는 비밀번호를 끼고 있는 침묵의 강. 비밀번호로 잠그고 풀듯이 물길이 활짝 트일 날을 고대하며 산다고 했다.

휴전선을 생각하고 있는데 비밀번호 순서가 뜻밖에 먼 번갯불처럼 머리를 탁 친다. 떠오른 순열順列을 놓칠세라 출입문 쪽으로 성큼 걸음을 옮긴다.

■ 연보

• 약력

1932년	8월 5일(음 7월 4일) 경남 통영시 광도면 죽림리 187번지에서 출생.
1951년	1월 육이오 전쟁 중 해군에 입대하여 해군통신학교에서 무선통신사 교육을 6개월간 이수하고 해군통신사로 복무.
1954년	윤일주 해군대위(사상계로 등단한 시인)의 소개로 《新作品》동인활동함.
1954년	2월 해군함정 인수요원으로 선발되어 도미. 미해군 기지인 쌘디에고 교육센타에서 미해군 태평양함대 통신업무 연수를 받음.
1957년	해군에서 제대.
1958년	생업을 찾아 국제개발공사(IDC)란 업체에 전자기사로 취업. 무선통신분야 국가공인 기사면허를 취득함.
1970년	《월간문학》을 통하여 굳이 등단이란 절차를 거침.
1974년	부산시인협회 창립에 참여.
1978년	첫시집 《沿岸集》 간행.
1980년	박청륭 하현식 진경옥 김성춘 양왕용등과 함께 시동인 《絕對詩》를 결성함. 3인수필집 《協奏曲》(권재성 한영자) 간행.
1981년	수필집 《虛名놀이》 간행.

1983년	시집 《遺作展》 간행.
1985년	김병규 한영자 이원우 정명수 등과 함께 수필동인《木筆》 결성함.
1986년	시집 《西神캠프》 간행.
1988년	시집 《지난 겨울》 간행.
1990년	시집 《사일구 遺史》 및 수필집 《牧齋隨筆》 간행. 영호남수필문학회 창립회원으로 참여, 첫 회지인 《완산벌, 낙동강에 핀 꽃》이 전주에서 간행되다.
1992년	사찰기행을 소재로 한 수필집 《燃燈紀行》 간행.
1993년	시집 《설사당꽃이 떠나고 있다》 간행. 동서대학교 사회교육원 문예창작과 강사로 위촉받음.
1995년	시집 《금정산》 간행.
1995년	현대문화센타 문예창작아카데미 강사로 위촉받음.
1997년	수필집 《춤과 피리》 간행. 부산문인협회에서 간행한 《부산 문학사》 중 수필문학 분야를 집필.
1998년	시집 《돌 속에 꽃이 핀다》 간행.
2000년	수필집 《덫을 찾아서》를 수필과 비평사에서 간행함.
2000년	수필선집《술래의 꿈》을 교음사에서 간행함.
2001년	7월 시집《곰팡이를 뜯었다》를 시와 사상에서 간행함.
2002년	《유병근수필기행》을 신아출판사에서 간행함.
2003년	3월, 부산예술문화대학 문예창작과 강사 임명받

음.12월 사임함.

2003년 11월 수필집≪싸리꽃 풍경≫을 신아출판사에서 간행함.

2004년 수필과 비평 1/2월호부터 수필 ≪쥐똥나무에게≫ 10회연재함.

2005년 6월 시집 ≪엔지세상≫을 작가마을에서 간행함.

2006년 수필과 비평 7/8월호부터 ≪수필의 맥을 찾아≫ 연재 시작함.

2006년 7월, 한국문화예술위원회의 창작지원금으로 수필집 ≪꽃이 멀다≫를 신아 출판사에서 간행함.

2007년 11/12월, ≪수필시대≫11/12월부터 수필 〈미끼열전〉 연재함.

2008년 현대문화센타 및 동서대학교 사회교육원 강사직 사임함.

2008년 11월 시집 ≪소낙눈≫을 도서출판 신생에서 간행함.

• 수상 및 표창

1990년 한국수필문학진흥회에서 주관하는 현대수필문학상 수상.

1992년 우봉문학상 수상. 춘강문예창작기금 받음.

1995년 부산시인협회상 수상.

1998년 영호남수필문학 대상 수상.

2000년 신곡문학상 대상 수상(1월 13일).

2000년 동서학원(동서대학교&경남정보대학) 이사장인 장성만 박사로 부터 공로기념패를 받음(1월 19일).

2005년 최계락문학상을 받음(11월 25일).

2006년 부산예술상을 부산예술총연합회에서 수상함(9월 15일).

2008년 부산시 문화상(문학분야)을 받음(10월 29일).

현대수필가 100인선 · 80
유병근 수필선
달팽이관 마을에서

초판인쇄 | 2010년 10월 22일
초판발행 | 2010년 10월 28일

지은이 | 유 병 근
펴낸이 | 서 정 환
펴낸곳 | 좋은수필사

주 소 | 서울시 종로구 익선동 30-6
운현신화타워 빌딩 3층 305호
전 화 | 02)3675-5635, 063)275-4000
등 록 | 1984년 8월 17일 제28호
홈페이지 | http://www.shinapub.com
e-mail | essay321@hanmail.net

값 7,000원

ISBN 978-89-5925-349-4 04810
ISBN 978-89-5925-247-3 (전 100권)